德国登山协会攀岩全攻略

技术·策略·心理

[德] 米夏埃尔·霍夫曼 著

张世胜 李丹 张丽萍 译

北京体育大学出版社

策划编辑： 孙宇辉
责任编辑： 田　露　井亚琼
责任校对： 吴　珂　刘艺璇
版式设计： 嘿森林青创

北京市版权局著作权合同登记号：01-2022-0040
Title of the original German edition:
Alpin Lehrplan 2: Klettern - Technik | Taktik | Psyche

图书在版编目（CIP）数据

德国登山协会攀岩全攻略．技术·策略·心理 / （德）米夏埃尔·霍夫曼著；张世胜，李丹，张丽萍译．-- 北京：北京体育大学出版社，2022.10
ISBN 978-7-5644-3599-8

Ⅰ．①德… Ⅱ．①米… ②张… ③李… ④张… Ⅲ．①攀登（登山运动）Ⅳ．① G881

中国版本图书馆 CIP 数据核字 (2022) 第 010003 号

德国登山协会攀岩全攻略　技术·策略·心理
DEGUO DENGSHAN XIEHUI PANYAN QUANGONGLÜE
JISHU CELÜE XINLI

[德]米夏埃尔·霍夫曼　著
张世胜　李　丹　张丽萍　译

出版发行： 北京体育大学出版社
地　　址： 北京市海淀区农大南路 1 号院 2 号楼 2 层办公 B-212
邮　　编： 100084
网　　址： http://cbs.bsu.edu.cn
发 行 部： 010-62989320
邮 购 部： 北京体育大学出版社读者服务部 010-62989432
印　　刷： 北京瑞禾彩色印刷有限公司
开　　本： 710mm × 1000mm　1/16
成品尺寸： 170mm × 240mm
印　　张： 12
字　　数： 233 千字
版　　次： 2022 年 10 月第 1 版
印　　次： 2022 年 10 月第 1 次印刷
定　　价： 116.00 元

写在“嘿森林户外运动丛书”第一辑出版之际

（代前言）

2022年4月，教育部印发《义务教育课程方案和课程标准（2022年版）》，规定全国九年义务教育学校各年级均须开设体育与健康课，占总课时比例10%～11%。由此可见，体育的价值越来越得到重视。

“嘿森林户外运动丛书”是嘿森林（北京）体育科技股份有限公司（简称嘿森林）引进的一套关注户外教育和体育运动前沿领域的图书，专业性、实践性是“嘿森林户外运动丛书”的特色。德国登山协会攀岩全攻略系列五种图书是“嘿森林户外运动丛书”的第一辑，是从德国引进的攀岩教材，也是德国登山协会教练获取行业资质的指定教材。全系细分为人工岩壁、自然岩壁、攀石技术・策略・科学训练法、安全和装备、技术・策略・心理五个主题，既权威专业，又贴近实践，代表了德国攀岩领域的较高水平。我们本着将德国登山攀岩运动多年的经验和成熟的体系介绍给国内读者和攀岩爱好者的目的出版该系列图书，这不仅能为国内攀岩运动在基层推广创造有利条件，而且能为青少年户外攀岩项目提供专业支撑，助力中国攀岩运动的发展。

嘿森林致力于发展中国户外素质教育，并向社会提供优质专业的户外教育体验服务，陪伴孩子快乐成长，同时利用自身资源引进国外的户外素质教育方法和教学手段，致力于为中国青少年构建自然、和谐、阳光的素质教育成长环境，让他们“融入自然、快乐成长”。

作为一家从事户外教育的企业，重视生态文明和可持续发展是嘿森林的企业文化基础，我们坚持国家倡导的绿色发展观，从娃娃抓起，让青少年在户外运动中欣赏祖国的大好河山，用科学的方法使其与大自然友善相处，并和谐地融入大自然，帮助他们树立环保理念、提升环保意识，将爱护祖国绿水青山的理念根植于心。

在引进德国登山协会攀岩课程体系并使之落地的过程中，嘿森林与北京青少年营地教育协会、体育院校、攀岩馆等相关方进行深度合作，共同研发了“中国青少儿攀岩九级训练及评价体系”。采用分级训练有助于提高青少年儿童的攀岩技能和对攀岩运动的兴趣，培养其特长，使他们感受锻炼的乐趣，提高他们脑、心、手并用的能力，挖掘自我锻炼的潜力，从而使其养成良好的锻炼习惯，为终身体育打下良好基础，最终达到促进青少年身心健康成长的目的。

作为专业的户外运动教育机构，嘿森林将继续推出新产品，不断丰富“嘿森林户外运动丛书”。欢迎各方关注、指正，让我们一起为素质教育和健康中国贡献力量！

序一

“活到老，学到老”——这一口号也同样适用于攀岩学习！只有不断进行理论知识学习和实践训练，不断更新对前沿攀岩装备、前沿保护技术，以及攀岩技术、策略、心理方面的知识储备，才能安全地攀岩。

“安全攀登”也是德国登山协会的要求。攀岩爱好者的数量呈逐年上升趋势，据统计，如今仅德国已有大约四十万的攀岩爱好者。同时，德国登山协会安全调查显示，即使是经验丰富的攀岩者也会在实际攀登中犯错，所以终身学习对保障生命安全尤为重要！学习的方式多种多样——理论学习（听、看、读）、实践训练等。从阅读学习这种方式来看，此系列丛书是您极佳的选择：无论您是攀岩培训师、教练还是业余爱好者，都可以从中找到有关安全攀岩的重要信息。

本书作者作为一名培训师，将自己积攒的丰富培训经验与德国登山协会的指导思想相结合，通过本书呈现给读者，但这本书并不能替代德国登山协会组织的个人培训。在此，我衷心祝愿您安全、成功地完成室内或户外攀岩。

德国登山协会主席

约瑟夫·克伦纳

序二

培训能再现现实中出现的各类情况，指明不同技术的应用和差别。本书既是培训师的工作指南，又是受读者欢迎的参考书，其中的内容并不是刻板的规范，而是预先确定了一个培训师可以自由发挥、使用者可以进行不同应用的框架。

对德国认证的登山滑雪向导来说，本系列丛书为如何正确应对各种情况提供了专业指导。应该注意的是，不存在一个普遍适用于不同场景的正确做法。更确切地说，学员必须学习不同装备的用途和差别，以便应对不同环境的不同情况。我们只有认真权衡不同的攀岩技术的优点和缺点，并且不会对所有培训意见不加思考地盲目模仿，才能将学员培养成“对自己负责”的攀岩者，即可以及时做出适应眼前情况的行为。以这样的思想为主导的培训被称为“实践学习”。

德国山地和滑雪向导协会主席

米夏埃尔·朗特罗特

目录

导言

“攀岩全攻略”系列丛书既面向教练员，同时也为所有攀岩爱好者提供教学指导。本书为这两类群体就“怎样提高攀岩技术能力？”这一核心问题提供了丰富的信息。为了寻找答案，我们必须对攀岩训练、实战过程等事情进行深入了解。本书并不涉及有关安全技术的内容，相关信息可查阅德国登山协会的《德国登山协会 攀岩全攻略 安全和装备》一书。

资源

迄今为止，基础攀岩训练教材普遍使用“要素”来概括攀岩技术、策略、心理等因素。在本书中，将用“资源”这一概念替代“要素”。因为这一概念更具时代性，与攀岩训练模型更相配。“资源”一词涵盖了来自各个领域的可供我们使用的多种物质要素。我们无法通过训练去改变温度、湿度等外部条件，只能通过策略去优化、利用它们。此外，包括身高、臂展、指宽在内的自身条件也无法轻易改变。因此，以下四个紧密相关的领域便有了存在的必要：技术、策略、心理以及身体素质。最后一个领域“身体素质”在体育科学界被看作是力量、耐力、速度及灵活性这四个基本能力的总称。

技术

一开始，攀岩技术只区分“基础”攀岩技术和“专业”攀岩技术。后来又出现了“以问题为导向”的分类方法。这种方法按照实际攀岩场地来划分攀岩技术类型。这两种分类方式的共同之处在于都把省力的移动作为评判标准。虽然在这两种分类方式中存在重叠，但把省力这一最高

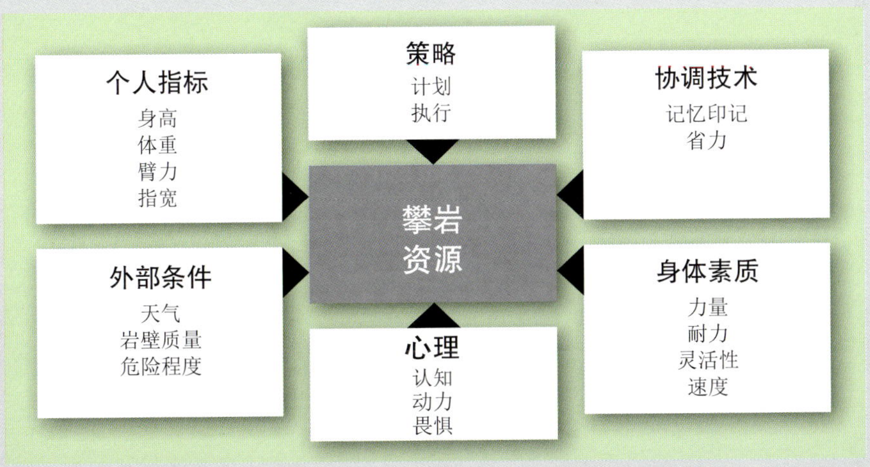

用“资源”这一概念代替“要素”

原则作为评判指标，并不能完全体现出攀岩的“质量”。因此，“攀岩全攻略”系列丛书从常规移动的相关概念出发，依次从体重、身体紧绷程度、动态及精准度的方面对高效移动的特征进行详细介绍。此外，本书从不同的角度对攀岩技术进行了分类，包括从场地类型（人工岩壁、自然岩壁、裂缝等）角度分类和从手点、脚点位置造成的各种不同身体姿态角度分类等。

策略

“策略”这一章主要介绍了完成路线攀登的多种方式，并对具体策略加以描述。除了介绍竞技先锋攀登时使用的运动策略以外，本章还对攀登多段攀岩路线进行了多方面解释。为了降低攀岩初学者进入小型比赛的难度，本章中也有一些对应的介绍。

心理

“心理”这一章节涉及复杂的主题，即攀岩者对坠落的恐惧、压力以及优化成绩。重要的是，成绩在很大程度上取决于心理状态。对坠落的恐惧可能会导致攀岩者拒绝攀登那些感觉上有危险的岩壁——即使它们事实上并不危险。

体能

体能“资源”也发挥着重要的作用——尤其是在攀登难度大的路线时。在“体能”这一章中提供了针对具体运动种类的力量训练建议。由于人们需要训练的不仅是力量，还有所有相关“资源”，因此在本书开头阐释了所有的重要方面，例如训练组织形式。

整体的“攀岩世界观”

新的“攀岩世界观”涉及攀岩技术的种类，攀岩者的精神领域和对训练概念的理解，它在很大程度上以实践为导向，使人们整体地看待攀岩成为可能。但注重整体并不意味着忽略细节。只有专心研究细节的人才能真正理解本书各章节间的内在关联。如果攀岩者失败了，这并不意味着他在整条路线上“完全”失败，而是在一个具体“点”上失败了。

练习目录

本书结尾附加详细的练习目录。它之所以位于结尾，是因为其对应的是不同“资源”的训练，以供读者参阅。

米夏埃尔·霍夫曼

基础

达到一定水平的攀岩爱好者想要进一步提升自己的攀岩技术，需要涉猎大量关于攀岩方面的知识，尤其是对于自学者而言。拥有一名专业能力强的攀岩培训师（教练）可以帮你节省大量的精力，你可以定期从他那里获取一些有用的建议。攀岩培训师和学员需要通力合作，共同处理学习、技术培训及训练教学方式等问题。此外，了解攀登运动的各个学习阶段和一些生物力学的基本原理对攀岩训练也十分有益。

学习与教学

在动作学习时，运动过程会以记忆的形式存储在人脑中。要做到这一点，就必须进行重复训练。对于儿童来说，寓教于乐是非常好的教学方式。只要他们对运动感兴趣，就会对运动学习拥有无穷的热情并愿意做一些重复的事情。

不论年龄如何，在运动技术的教授方面都有一些不变的中心思想。在学习的初级阶段，学员为了习得技术，会先选择较简单的动作，之后再逐渐增加技术难度，并不断地变换情境。攀岩培训师可根据实际情况选择不同的教学方式。

动作学习以攀岩培训师为中心

第一种教学方式是以攀岩培训师为中心，培训师是课堂的核心并且把控着学员的整个学习过程。这种教学方式不可与学校实行的“以教师为核心”的传统教学方式相混淆。学员可基于明确的运动指示给出反应。组织安排良好的情况下，负荷量（每个学员在单次教学课程中的训练时间）也会相应增大。这种学习方式通常包括几个重要特征，但是攀岩培训师务必向学员详细介绍训练的所有细节。这些细节体现在要安排一个有序的训练计划，并且

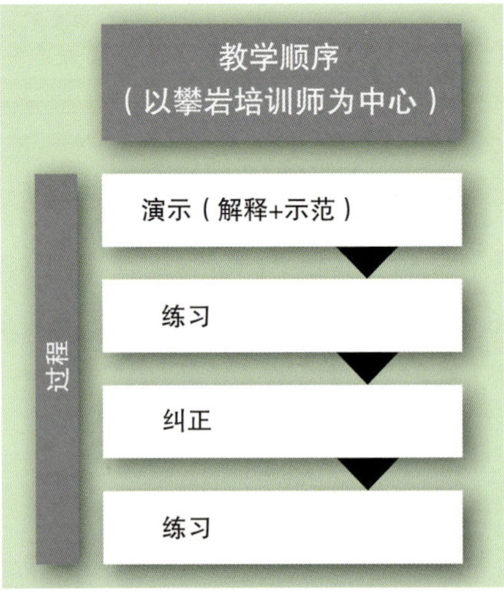

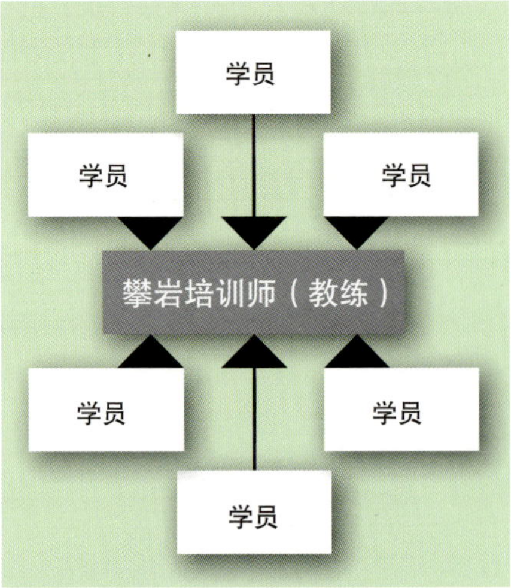

左图：以攀岩培训师为中心的教学顺序

右图：以攀岩培训师为中心的课程，攀岩培训师设计教学流程

每个训练步骤（演示、练习、纠正、练习）的核心在于某种技术特征（如侧拉时伸长手臂）。在训练的时间安排上，要谨遵“从易到难”的原则。例如侧拉，重点一：脚尖踩点；重点二：手臂伸直；重点三：利用腰胯部发力。

为了确保学员真正掌握了这些最基础的攀岩内容和技术方法，攀岩培训师会在课程中反复提及这些要点，而且要求学员进行展示。

动作学习以学员为中心

第二种教学方式是以学员为中心。攀岩培训师通过给学员设置有针对性的任务来调节、把控学习过程，学员须自己寻找解决问题的方案。

要想成功践行这种教学方式，攀岩培训师必须掌握良好的专业技能并愿意思考“学员需要具备哪些能力”等问题。这种教学方式的关键之处在于，所有学员须真正了解各自的任务，否则就会出现他们找到的解决办法与攀岩培训师所期待的背道而驰的情况。

训练顺序要科学、有计划性。在面对存在多种解决方案的任务时，逐一练习所有相关技术（而不是同时练习）无疑使条理更加清晰。以上所述的两种教学方式在课程接近尾声时都有一个“应用实践阶段”，学员要将所学技术应用到不同的情境中，进一步巩固所学知识。以这种方式存储的记忆将包含一般的运动执行信息，这些信息必须表达得十分精确，可以适用于多种情况。这种信息存储一般发生在技术训练过程中，更准确地说，是“技术应用实践训练”阶段。

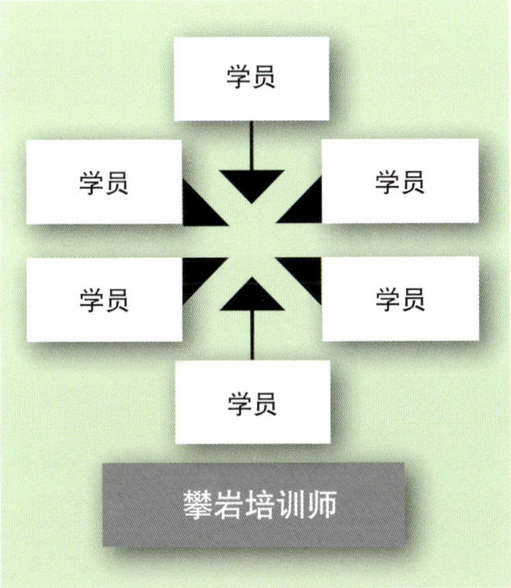

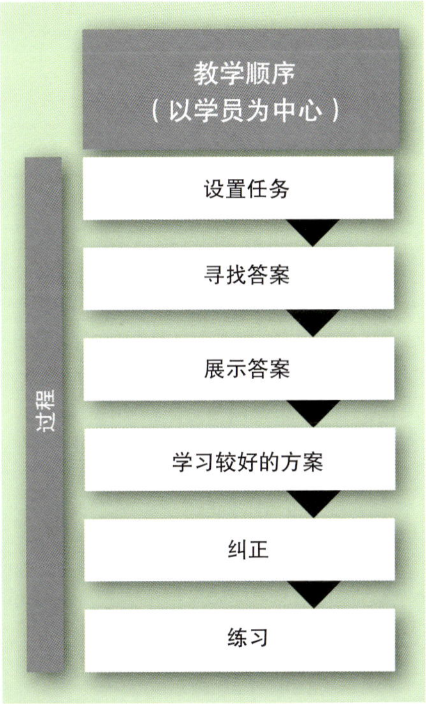

左图：以学员为中心的教学顺序

右图：以学员为中心的课程，学员自行寻找解决方案

技术训练

攀岩者的攀岩水平越高，通过体能训练进步的空间就越小，这时技术和策略训练就显得尤为重要。一项针对不同运动项目的调查报告显示：技术训练在所有训练方式中占比60%。

在高强度、高密集度的训练项目中尤为关键的是，人们在较困难的状况下，如存在较大的心理压力，依然可以精准地运用已掌握的技术。在比赛时，我们经常会看到，能力较弱的攀岩者经过坚持不懈的努力后，在提前告知坠落时间时从岩壁上掉了下来。相比之下，一个好的攀岩者可以做到表面上毫无预兆地坠落。顶级运动员可以做到，在承受巨大压力时仍然可以发挥出最佳技术水平。

技术训练需要调动整个机体，负荷的多样性远比单种刺激的强度更重要。因此，技术训练并不意味着单一的强度提升，而是通过创造性地改变任务设置使自己能够承受多种负荷。技术训练的前提是，攀岩者要尽可能地摆脱完成路线的“竞争模式”，即“完攀欲望”。攀岩者必须将注意力从“完成攀登”的结果转移到“如何攀登”的过程上——这一步让许多攀岩者感到困难。

训练的内容虽然看起来好像只有攀登而已，但是实际上有一些具体的侧重点。须注意，要让参与者理解这样精心安排的用意。

左下图：所有训练方式的占比对比图。技术训练占60%

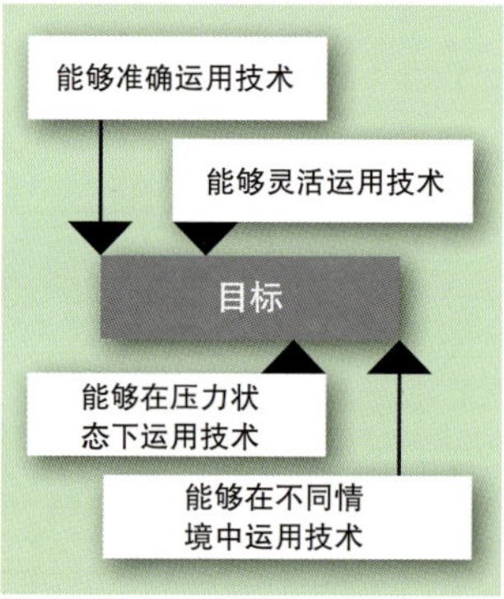

技术训练的方法论

技术训练不包含类似体能训练的训练方法，因此需要充分发挥个人创造力。技术训练应当占据所有训练内容的绝大部分，并且至少持续一年的时间。一般来说，在训练的开始（热身之后）就进行技术训练。作为一般建议，请阅读以下指导原则。

技术训练的指导原则

- 训练较复杂的运动方式（尝试难度大的攀石或高难度线路）。
- 重复次数尽可能多，始终选择最佳的技术方法。
- 技术训练安排尽量多样化（路线种类、岩壁类型、倾斜程度、路线长度、攀登方式）。
- 不断变换训练情境（自然岩壁、人工岩壁）。
- 特别训练攀岩者的感知能力（改变感知条件、提供对比任务）。
- 可设置附加任务（在攀岩过程中解决）。
- 在适当情况下，可进行对抗压力的训练。

训练

在本书中，训练一词不会只出现在最后一章中，它是所有涉及自我改善的基本理论的总称。在本书的开头阐述了一些对所有可训练领域都适用的思想。一些特殊的、属于单个训练内容的信息将在相应章节中一一介绍。

能力定位的调节回路

一个简单的调节回路是建立能力定位思维的基础，它能在实践中为攀岩者提供最佳的思考、运动模式。这个概念听上去似乎很简单，但具体到每一步是十分复杂的。大部分攀岩者在攀登失败后会将原因归结于力量不够。被问到为何力量不够时，他们给出的答案五花八门。有人说，没有好好查看路线或者在极耗力气的路段上攀登速度过慢；还有人说，由于害怕掉下来而过度发力抓握支点或缺乏合适的发力方式导致攀岩失败。然而，极少出现攀岩者虽然使用了正确的策略，但因为力气不够而坠落的情况。

初步判断

在进行初步判断时，必须清楚地了解哪些内容应该是攀岩者自己去考察的。攀岩者要尽可能客观地审视自己并考虑攀岩伙伴的意见和建议。

最理想的状态是有一位教练可以告诉你的优势和劣势。也许，教练还会为你制订专门的训练任务，而你要追求的目标是清晰地展现每个操作细节。

初步判断的内容可包括攀岩者对在先锋攀登和顶绳攀登中坠落的害怕程度；看攀和红点攀登对攀岩者运动记忆的影响差别。如果攀岩者的能力较强，在攀岩时却选择较低的难度系数，这无疑是对技术的浪费。

当然，分析可以更加细化。比如可以引入视频分析或者体能测试。除此之外，还可以借助调查问卷完成关于自我形象评估和外部评价的对比研究，这将为一些具体问题提供很多有用的信息。

设立目标

完成初步判断之后，最重要的是为自己设立训练目标或动机。当然，你也可以在初步判断前就设立目标，但在这之

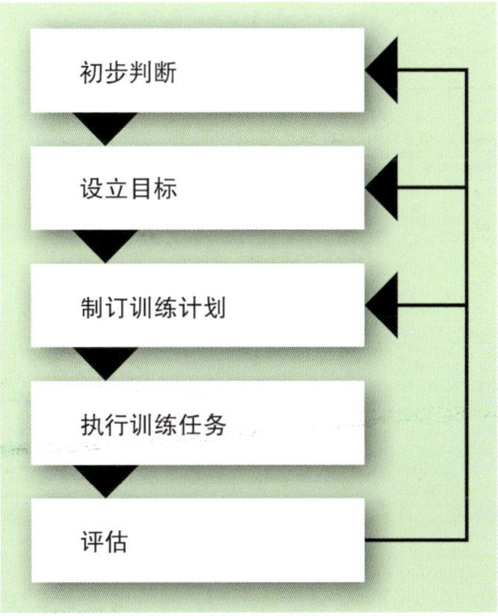

能力定位的调节回路

后你还要检验它是否贴合实际。一个以竞技运动为出发点设立的最佳目标常常难以实现。目标设置过高会让人产生挫败感；反之，又无法真正锻炼到人的能力。

制订训练计划

训练内容主要依据攀岩者对自身能力不足的分析来确定。尤其要注意，不能将“训练”和“体能训练”画等号。训练涵盖技术、策略、心理和体能四个方面。最重要的是，要有规划地弥补自身能力的不足。如果只遵循“兴趣原则”，一直选择自己掌握最好的攀岩方式，那么这种训练是有局限的。

技术不足的攀岩者应当先进行有针对性的技术训练。力量型攀岩者可能也会对力量训练感兴趣，如果他与别人花费同样的时间训练同样的内容，往往可以使他自己的能力提升得更多。

在原有基础上进一步增加力量可以让力量型攀岩者有能力去尝试难度系数更大的攀岩项目。

执行与评估

如果不将计划付诸实践，那么再好的计划也没有意义，所以制订好训练计划后要开始进行真正的训练。不管是进行难度训练还是力量训练，攀岩者都要定期记录下训练内容，这样有助于后期评估训练的结果。

关键的一步就是评估训练结果。比如，我现在是否比之前能更好地抓住指力条？我进步了多少？我是否可以更有把握地攀登具有某种特征的路线？如果要求做到一百分，我能否更轻松地完成？没有评估，就无法判断训练的结果。这意味着，如果人们一直采取无用的方式训练，那么他们也根本不会意识到这一点。

相反，如果人们及时地记录与评估训练结果，就可以适当地调整目标和计划，推动能力定位的调节回路高效运转。

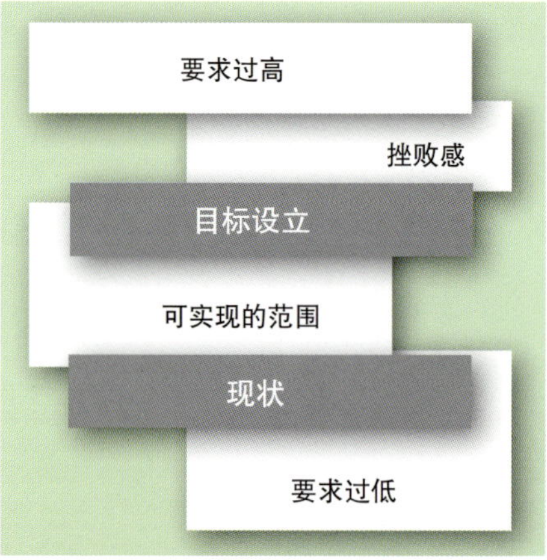

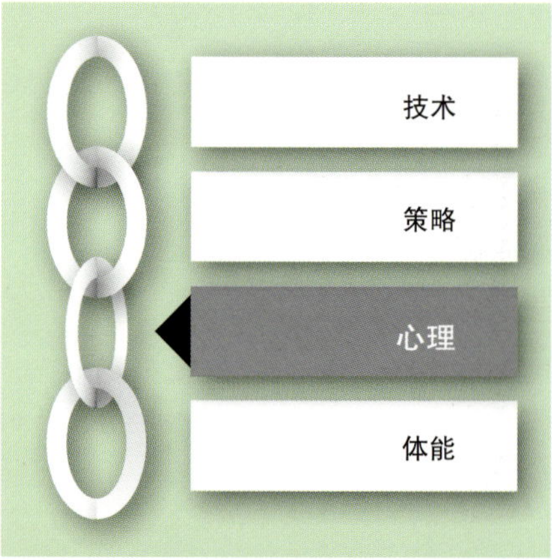

左图：高于实际能力的目标设立

右图：训练自己最薄弱的项目可实现巨大进步

训练模型

可能有人认为，训练模型只是无用的理论。实际上，它对实践非常重要，每个参加周期性训练的人，都需要这个基础知识。

最佳平衡

传统的适应性训练强调，训练者现有的体力依赖于能量储备（比如糖原）。然而，训练或多或少地都会消耗能量储备。

训练之后，训练者通过休息恢复体力，不仅达到开始的状态，而且更好了，这个过程被称为超量恢复。接下来的训练单元和超量恢复同时进行，则会提高效率。

更高级别的组织

科学研究证明，超量恢复的观察方式是受限的。一个比较集中的争议点就是，适应只在训练者疲劳时才存在，这时训练者会在训练中“开小差”或者“走神”。另外一种适应性训练可以更直接地提高效率。在攀石训练中，如果训练者摸索出合适的路线，动作就会一次比一次熟练，完成一个训练单元之后效率会下降。在第二天的训练中，尽管训练者体力充沛，效果也大打折扣。因此，这个进展也符合超量恢复原理。

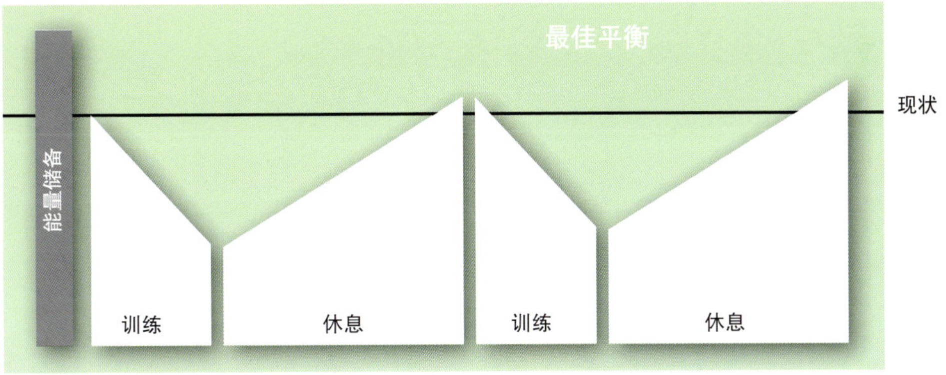

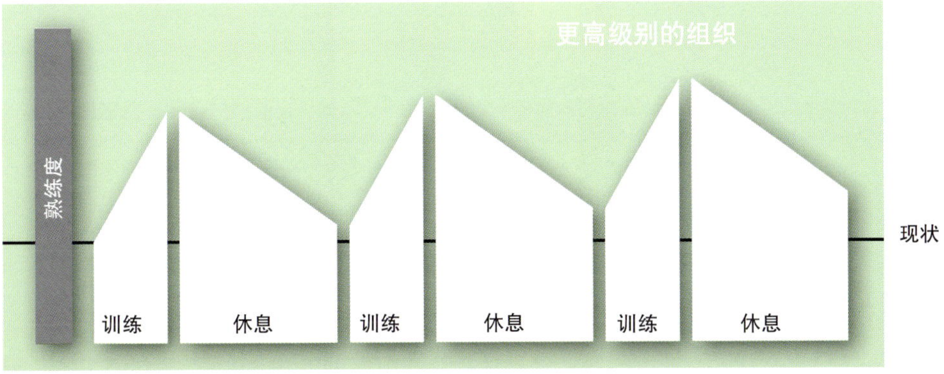

强度–负荷模型

不同的训练要起到不同的作用。没人知道每次训练在细节方面引起了哪些改变，消耗了哪些能量储备。训练中许多效果都是暂时的，练习的强度也受其他因素的影响，如天气、白天时长、营养状况。负荷是强度的个性化体现。负荷的多少取决于训练者的身体素质、能力和对动作的熟练度。因此，同样的训练量在不同的人身上就会有完全不同的效果，同样的训练强度在不同的时刻在同一个训练者身上也会有不同的效果。为了完成训练，需要有结构性和消耗性的储备。

结构性储备在使用时不会改变，而消耗性储备会被消耗掉。由强度–负荷模型可知，虽然通过训练可以改善肌肉记忆，但不能在短期内见效。相反，从中期来看，改变强度的训练可以提高效率，与此同时，训练者的注意力和身体储存的能量会被“消耗”。短期来看会导致训练者负荷过度，如疲劳或注意力不集中。按照超量恢复原理，这个消耗负荷系统应循序渐进地发展。

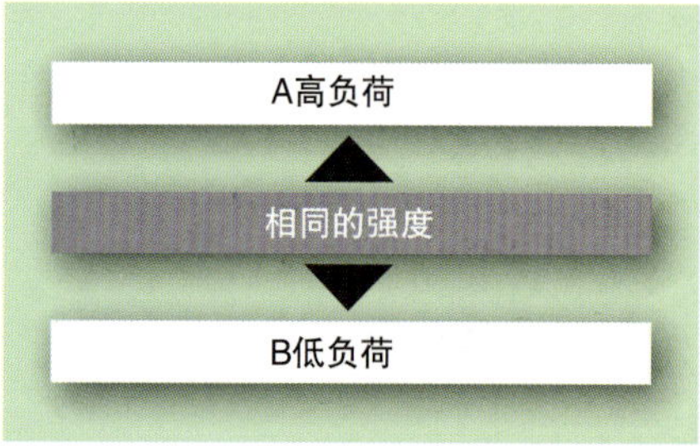

一个强度相同的训练在训练者A和B身上会有不同的效果

训练原则

合适的练习强度可以提高训练者的机体能力。为了达到最佳效果，要特别注意以下四点原则：超负荷、适应性、特殊性和个性化。

超负荷原则

练习必须达到一定强度才能取得效果。练习强度要合理安排，要能够有效地刺激训练者的机体，达到提高专项素质的目的。

理想情况就是，在每次训练中，训练者在强度、范围或训练内容方面都能有新

不同的训练强度有不同的目的

的刺激性尝试。

但是，训练负荷也可以是稳定的。训练负荷没有超出正常训练水平，不会引起机体的适应性调整，这种训练只能起到维持成绩的效果。训练负荷也可以减小，但低于正常训练水平的训练负荷会导致训练者的能力下降。

在低负荷训练和休息时间过长的训练中缺乏大强度训练，训练者的体能在短短几周之内就会下降，有时候甚至只需要几天。因此，顶级运动员在比赛期间最多休息3天，通常是1~2天。

适应性原则

如果你在相同的训练负荷下进行相同的训练，那么一段时间后你的训练效果就会停滞不前，这种现象被称为“适应性原则”，在相同训练负荷下，训练压力会逐渐减小，身体机制的自我调整也会减弱或彻底消失。对于适应性原则而言，较长时间内坚持完全一样的练习内容或者相同的练习程序毫无意义。

训练计划必须具有变化性。具体就是训练范围、训练强度和训练质量的变化。训练质量可以通过变更训练模式去调整。

特殊性原则

训练的特殊性随着训练水平的提高而改变。例如，中等水平的训练者可以通过引体向上训练来提高攀岩技能。对于高水平的训练者来说，增加引体向上训练对其攀岩技能的提高毫无帮助，因为攀岩运动中很少同时使用双臂。通常情况下训练者是一只手臂拉动另一只手臂运动。高水平的训练者必须采用类似于真正攀岩的专门性训练，如在引体向上训练时去抓不同高度的抓点，或进行悬梯引体锻炼。

有些时候，训练者一开始认定在某个角度的攀登是最佳选择，但随后一看在此角度攀登所要求的能力就会放弃这个决定——适应性和负荷能力的缺乏成了拦路虎。备受吹捧的基础学习方式——“通过攀岩学习攀岩”只能在进行难度较低的攀岩时有令人满意的效果。在进行高难度攀岩、定线或者攀石时，必须有针对性地调动身体机能。

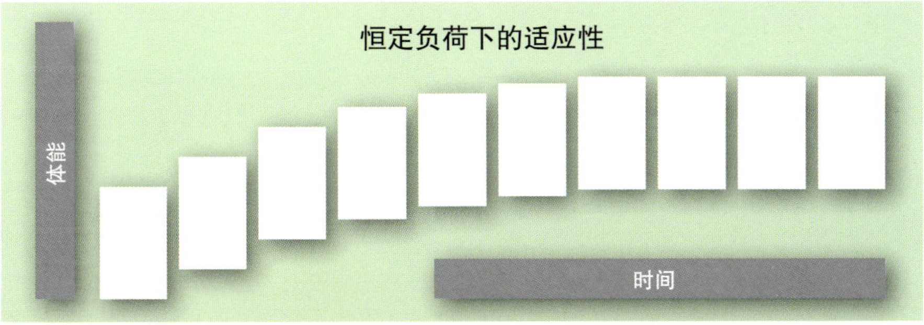

恒定负荷下的适应性

此外，进行一些跟攀岩有相似性的额外强化练习很有必要。虽然常规攀石训练会提高低水平者的攀岩技能，但是从第七级到第八级时还是应该进行专门有针对性的攀石训练。同时，训练期间应该有合适的训练负荷。对于较高水平者而言，系统训练也是适宜的，相同的攀登练习可以一个接一个地多次完成。

个性化原则

必须考虑到每个训练者的个体差异，适合A的训练不一定适合B。训练者对基本训练计划或者部分练习内容或许可以接受，但对整个训练计划就不能盲目地全盘接受了。

还有一个重要的问题：如何做到一方面增大训练强度，另一方面又能锻炼基础耐力呢？对于教练来说，最重要的工作就是制订有针对性的个人专属训练方案，并定期询问效果。

能量供应

当肌纤维受到相应的神经刺激时，就会产生力量。肌纤维主要包含白肌纤维和红肌纤维，这两类肌纤维都会消耗ATP（三磷酸腺苷），以完成肌肉收缩。能量会迅速耗尽，但同时也会在短时间内迅速恢复，这要通过以下四种不同的方式。

磷酸原供能

没有氧气参与，没有乳酸形成。

- 肌肉细胞中的ATP分解为ADP（二磷酸

培训计划应考虑到训练者的个性条件

腺苷）和CP（磷酸肌酸），释放能量。

- 此能量供应持续1~2秒。
- 在很短的时间内，ADP和CP将重新生成ATP。
- 肌肉细胞中的ATP含量从未降至原始水平的40%以下。
- CP储量的恢复时间最长为20分钟。

无氧糖酵解供能

没有氧气参与，但形成了乳酸。

- 肌糖原、肝糖原和葡萄糖转化为ATP，形成乳酸。
- 乳酸降解的半衰期为20分钟；40分钟后75%的乳酸降解。

糖有氧氧化供能

有足够的氧气参与。

- 在糖有氧氧化中，糖原、葡萄糖和氧气反应生成丙酮酸和ATP。
- 恢复时间最长为3天。

脂肪代谢

- 在脂肪代谢过程中，体内储存的脂肪被消耗掉。
- 长期负荷活动（如远途探险）的恢复时间可能需要好几周。

磷酸原供能系统和无氧糖酵解供能系统的恢复时间很短，这表明你必须在训练过程中多次重复启动此类系统。因此，每天仅攀登一条路线就想获得结实的手臂是远远不够的。这就提出了训练范围的问题，即人们到底需要多少的攀岩次数或者训练量才够？

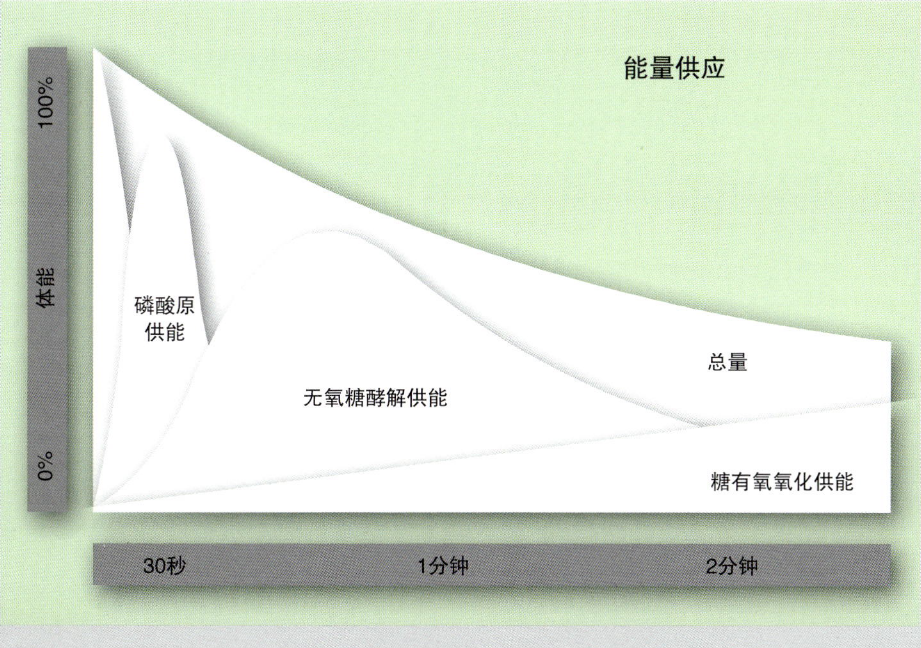

能量供应：
总能源来源
于各个部分

训练范围

在个别路线或攀石中很难去评判攀岩者的力量消耗程度（比如，完成一次顶级难度的攀石有多费力？）。因此人们评判的是一整套训练的整体消耗程度。有一个相对主观的力量消耗程度标准（见自我感知运动强度量表修改版）可以评判个人的力量消耗程度，力量消耗程度分为1~10级，分别对应力量再生周期。

在体能训练中，负荷应控制在4~8级之间，即“费力”和“很困难”之间。

在技能训练时，长时间间隔的完全“恢复后再训练”是没有意义的，应该进行更频繁的训练，把训练强度保持在3~5级之间，并在训练中间进行相应的短暂休息。

专注训练的时间越久，训练者对体能调整的反应就越不敏感。因此，训练的范围和强度必须随着体能的提高而增加。

为了确定训练范围，应该用攀登距离代替重复次数，这里指的不是攀登高度，而是总的攀登路线长度。在单独的力量训练中，把每次重复练习当作一次正式的运动来评估。下面列举了几个训练范围为训练强度提供参考。

训练强度的范围

- 在第一个和第二个训练年度，每周300~600 m攀登米数。
- 在第三个到第五个训练年度，每周500~900 m的攀登米数。
- 从第六个训练年度开始，每周800~1200 m的攀登米数。

通常经过8~10年的强度训练，训练者的体能会达到一个极限，身体素质不会再提高。要想超越这个极限，只能在战略技术和心理方面提高。当然了，这个说法仅适用于专业运动员，在大众运动中并不适用。那些没有接受过系统性培训却攀岩了15年的人，他的力量素质还可以继续提高。

主观性力量消耗程度（主观感受）

级别	负荷	休息时长
1	很容易	<12小时
2	容易	<12小时
3	有点费力	12~24小时
4	费力	24小时左右
5~6	困难	24~48小时
7~8	很困难	48~72小时
9~10	顶级困难	>72小时

自我感知运动强度量表修改版（主观感受）

技能训练不一定耗费体力，它也可以锻炼其他能力，如平衡感和注意力

生物力学

如何在静态攀岩中省力？拥有一些基本的机械原理知识和生物力学思维对此会很有帮助。能否将这些想法成功地付诸实践取决于具体的攀岩类型。一个具有基础物理学知识的人会从中发现乐趣，去研究物理和机械方面的规律性，然后运用这种知识就能够在攀岩技巧方面提前做出正确判断。那些对力学缺乏兴趣的人，只能更多地依赖自己的运动感觉去解决问题。

力量和矢量

如果要用力学方式去描述一个力，则将其划分为大小（以N或kN为单位）和方向。

方向和大小的值用带箭头的线段（矢量）表示。线段的长度表示矢量的大小，在攀岩照片中，会经常出现这样带箭头的线段，是为了说明攀岩时的技术要领。然而，这种矢量很少能够作为具有说服力的力学解决思路。

在静态系统（不发生运动行为）中，按照力学思维，所有的力量总和为零。也就是说，牵引力（手和脚的摩擦力、牵引力）总和必须与攀岩者的体重相对应，且其合力方向垂直朝上，与地球引力方向完全相反。此原则同样适用于缓慢的攀岩动作。在动态系统（动态自动）中，力的总和不等于零。从它的数值中产生了加速度的方向和强度。然而，对动态系统的研究颇为复杂，无法在此做进一步的讨论。

左图：矢量有大小和方向。在缓慢攀登中，牵引力总和必须与攀岩者的体重相对应

右图：为了使矢量相加，人们可以移动矢量。矢量的力的作用线通过脚和手的力的作用线产生新合力

人们可以把相关矢量串联在一起加减，这时必须移动矢量（但是不要旋转改变方向），因此标出矢量的力的作用线很重要。矢量穿过了手、脚这两个力的作用线，通过它去计算合力。

攀岩中的身体重心

如果身体的重心刚好高于某个脚点，你就可以用单腿保持身体平衡。不少攀岩者认为，要想在踩点或者尽可能地贴近岩壁时稳定重心，脚跟旋离岩壁可以发挥作用。这样一来就可以利用脚掌长度改变身体与岩壁的角度，但是这种观点是错误的。如果根据这个逻辑，只要脚足够大，即使在一个稍微悬垂的岩壁上也能够持续找到一个不需要手点的休息点。很明确，攀岩者不管是用脚尖，还是用脚掌、脚跟踩点，都是通过脚的不同位置引起重心的变化，这种轻微的重心变化在此研究中应被忽略。然而，应该引起注意的是，初始的身体位置在攀岩技术方面发挥着重要作用。

力的作用线相交于重心，手和脚的力量是固定的

两个手点

分析两个手点的动作时，可以选择将双手力量合并计算，再加上一个脚的力量，标示出重心，然后标注出手和脚的力的作用线并计算出相应的力量大小（见本页左图）。

如果你有更多的活动余地，可以尝试上下移动重心，也可以朝远离岩壁或者贴近岩壁的方向移动重心。每次重心的切换都会改变手部和脚部力量的分布，远离岩壁的重心切换会导致手部和脚部力量的增加，贴近岩壁方向的重心切换则会产生相反的效果。

在特定情况下，攀岩者也可以做出一些改变，即借助身体绷紧的状态，将脚往手的方向拉近，或者用脚推挤岩壁，使脚远离某个手点。

举个例子：攀岩者的手抓在一个较好的手点上，悬挂在仰角岩壁处（一只手抓点，两只脚悬空）。攀岩者需要将身体绷紧，一只脚在空中保持静止，另一只脚可以自由地朝不同的脚点试探性地触碰，或者在摩擦力较小的位置踩踏。这个效果和上述动作（将脚往手的方向拉近）的效果是一样的（见本页右上图）。这时，力的作用线不相交于人体重心，而是在重心的正下方。同时手点矢量会增加。

因为脚的负荷方向是朝向岩壁的，所以攀岩者可以利用具有微小摩擦力的脚点。

另一个相反的例子是拉肩。受力方向不是指向重心，而是更多地向上。力的作用线依旧交叉在重心上（见本页左图），人们在此时为了保持身体平衡必须使用手部力量，可以确定的是在维持平衡时，应该使用尽量小的手部力量（见本页右下图）。

右上图：身体绷紧，力的作用线不相交于重心，而是在重心的正下方

左图：手点的负荷方向朝上并分担攀岩者的一部分体重。双脚可同时选择脚点

右下图：理论上，此次手点矢量应以直角角度远离岩壁方向

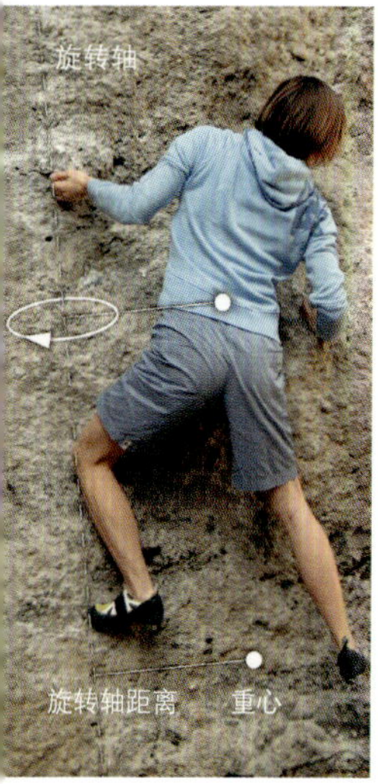

在做"开门"这个动作时的扭矩由旋转轴和重心距离得出

扭矩

在攀岩时经常出现围绕身体旋转轴转动的现象，这种人们无意中形成的动作被称作“开门动作”。扭矩等于扭力乘以力臂，以牛·米(N·m)为单位。为了确定扭矩，需要确定旋转轴（手足线）及重心与这个轴的距离。需要明确的是，扭矩的增加会额外耗力，攀岩者最好避免处于这样的位置。这里有两个可以避免出现扭矩的小策略：策略一，选择双脚踩点，扭矩保持不变（通过不同的踩点，避免重心转动），这时一个更大的杠杆臂可以达到省力的效果。这样扭矩的问题会得到最合理的解决。下面的那只脚离旋转轴越远，保持平衡状态所需的手部力量就越少。策略二：转移旋转轴的重心。按照理论，扭矩在这个过程中是逐渐减小的。

当重心正好落在旋转轴或旋转轴垂直处，可以达到“零”扭矩。攀岩时人们通常会综合使用这两个策略。人们改变脚点和重心位置，直至找到最佳的重心位置来解决“开门”这个动作的问题。对最佳

左脚离轴线（左手和右脚所构成的轴线）距离越远，越能降低所需的平衡力

位置的良好敏感度，可以达到经济、省力的攀岩目的。当人们能够了解并能分开考虑机械因素的时候，才能利用理论和自身敏感度来解释和快速找到最佳的重心位置。

干扰因素

到目前为止描述的所有效果，和在“高效攀登的技术特征”一章中描述的所有原理，都可能被干扰因素所影响。干扰因素会影响攀岩者在某个攀岩位置的运动感受。有时，干扰因素甚至会产生与预期相反的情况，导致攀岩者质疑所学的原理。

在看似良好的大距离侧身脚点例子中，过大的距离导致攀岩者出现不利的身体姿势（无法发力且不稳定），因此这是一种非经济的情况。中等距离的脚点位置会更有利。

如果运动感受与力学定律不相符，那么你可以去寻找“例外”。原则上，所有的既有原则都有可能成为干扰因素。但是，让我们把这一点留给真正感兴趣的教练或运动员自己去主动体会吧。

左图：重心沿着旋转的轴线移动，减少旋转所需时间

右图：“开门”动作。干扰因素：增大杠杆原则——尽量叉开双腿可以减轻扭矩效应

运动阶段

为了详细描述攀岩技术，需要一些专业术语。然而，也经常出现同一个模型有不同的描述，因此，移动顺序很难用文字来描述。当人们把运动划分为一些特征明显的阶段，交流或者描述起来就会简单多了。类似的分类方式在其他运动类型上（准备阶段、主要阶段、结束阶段）很普遍。攀岩时也称这些阶段为准备阶段、主要阶段（抓点阶段）、结束阶段（稳定阶段）。通常在稳定阶段，新一轮的准备阶段就已经开始了。有时两个阶段可以合二为一。

这些阶段既可看作是静态的，也可看作是动态的。定义它们是为了区别不同的运动方式。此外，这样更适合文字描述（比如，抓点阶段的蓄力）。

准备阶段

脚点选择和所有使身体在适当位置移动的行为都属于准备阶段，这个过程被称为“找位置”。

准备

- 降低身体的紧张度。
- 认识手点和脚点。
- 开始新的踩点或者换脚。
- 规划正身或侧身动作。
- 重心转移，尤其是通过髋关节转移重心。
- 为了顺利完成动作，必要时可利用中间过渡点。

主要阶段（抓点阶段）

主要阶段包含了最关键的动作，涉及与下一个手点相关的所有动作。

准备阶段：脚的工作是为接下来的主要阶段找到一个合适的起始姿势

持续抓点

- 放松身体。
- 蓄力准备或者加速。
- 身体提升。
- 松开原手点。
- 引导运动方向。
- 抓取新的手点。

结束阶段（稳定阶段）

稳定意味着攀岩者可以稳定在一个新的位置上了。如果静态达到目标手点，通常不会有问题，但在动态过程中容易出现稳定问题。在这个阶段会出现以下动作。

稳定

- 手指在新手点找到最佳位置。
- 保持肌肉紧张。
- 移动脚。
- 重新定位重心。
- 防止摆荡。

通常来说准备阶段涉及的动作也会出现在主要阶段（抓点阶段）。前文所描述的各阶段都会出现类似情况。

在正角光滑岩壁上攀登时，困难通常在于要找到一个新的脚点。在这种情况下，必须将“持续踩点”视为主要阶段。

视为主要阶段绝不是意味着分解动作或者分解瞬间动作。因为单个图片拍摄于流畅的移动顺序，只能记录某个瞬间的动作，所以不要仅考虑单一动作是否为主要阶段。虽然攀岩主要是由一系列的移动顺序组成，但也不只是这些。即使最好的攀岩者也会时不时地停下来，挂绳，找新的支点，腾出胳膊休息。错误的做法就是一直强调移动顺序的连续性，攀岩也包含短暂停顿，停下来是为了找到合适的稳定位置，更经济、合理地规划路线。另外，运动阶段是彼此相连的，没有完全独立和毫不相连的运动阶段，每个阶段之间都或多或少有些联系甚至重叠。

稳定阶段：
使发力动作更容易进行

高效攀登的技术特征

多年来，虽然人们已经研究出几种给复杂的攀岩技术分类的方法，但是要归纳出一个合理的整体概念还是相当困难的。一方面，攀岩模式十分多样；另一方面，又要始终坚持合理攀登的原则。

技术示范标准攀岩动作

目前给攀岩技术分类的方法是归纳攀岩的不同阶段使用的技术。这种方法是由吉多·科斯特迈尔和安德鲁·霍夫曼提出，他们还为每个攀岩阶段总结出相应的动作特征。

标准攀岩动作适用于攀登陡峭的岩壁

两人提到的攀登人工岩壁，从直壁到中等仰角岩壁所使用的技术，也同样适用于攀登相对陡峭的自然岩壁。

“标准攀岩动作”一词并不意味着同投掷运动一样完全标准化的运动过程，而要根据不同情况灵活地使用相应的技术。例如，在直壁攀岩中会使用各种各样的技术动作，例如正身或侧身。

直壁攀岩的合理攀登方式

很明显，书中关于攀岩的描述只是展现了一个理想化的、具有代表性的运动过程，在实际攀岩中可能会受到各种干扰因素的影响。从那些易于观察的技术特征入手来分析自己、学员或者专业的攀岩运动员的运动模式，并对其进行优化，是十分有效的方式。以下关于标准攀岩动作特征的概述只涉及攀岩的主要阶段，对具体特征的详细介绍，您可以查阅相应的章节。

向上移动

一旦攀岩者身体的位置为接下来的移动做好准备，就要尽可能地将臀部移动到脚点之上。根据不同的情况，可将移动方式分为正身移动和侧身移动。

接下来就是“向上攀登”，身体要尽力向上移动。目标状态是攀岩者借助适当的动力完成“位置准备”和“向上攀登”这两步动作。这两步动作常常交织在一起，密不可分，人们称之为“腰胯发力”或“波浪式发力”。

- 运动中心点：髋部。
- 对角线技术。
- 腰胯横向位移。
- 踩脚点。
- 蛙式、半蛙式脚法。
- 腰胯发力。

抓握新支点

攀岩者在一只手抓握新支点的过程中，另一只手必须独立控点，保持身体平衡。这一步骤需要身体高度紧绷，因此应在较短的时间内完成。在攀岩者准备好向上移动和抓握下一个支点前，不要松开紧握初始手点的手。整个抓握新支点的动作应当迅速且连续地完成。

- 尽可能久地抓握初始手点。
- 抓握新支点。
- 抓点手法与岩点形状贴合。
- 利用中间过渡点。

稳定与放松

如果攀岩者快速抓握住新支点，此时应更注意手部贴合岩点形状。静态抓点时，新的位置点相对稳定，当务之急是要迅速降低身体的紧张程度。在此过程中，轻抓手点十分重要。

动态抓点时，最困难的是保持身体稳定。此时，必须迅速地绷紧身体。只有身体稳定下来，才能开始放松身体。

- 绷紧身体。
- 放松，轻抓支点。
- 伸直手臂。
- 以肩部为中心。
- 在动作曲线最高点处抓点。
- 控制住摆荡。

手脚分离（发力动作的准备）

一旦条件允许，攀岩者就要伸直手臂为发力动作做准备。由此产生了一个新的概念——“手脚分离”。“手脚分离”意为脚部动作与手部动作相互独立进行。攀岩者在准备发力动作时，要考虑步距、轻踩及受力垂线等方面的问题。

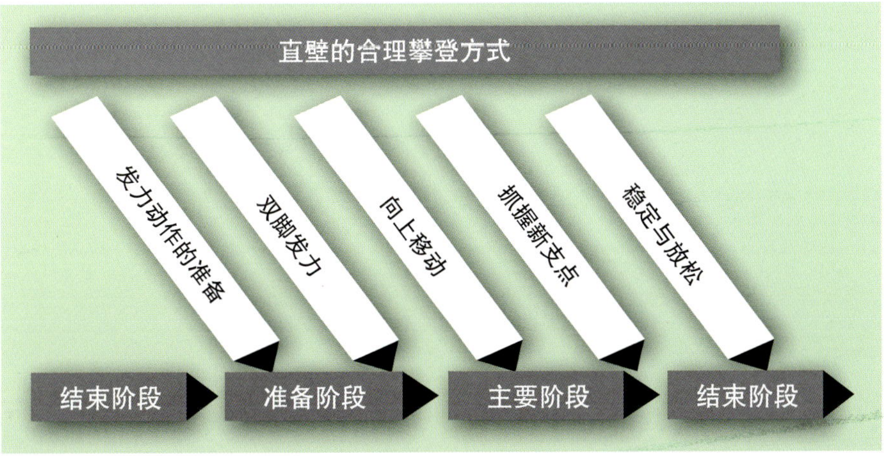

此外，脚点的位置要位于手部受力的垂线区域。如果两个手点位置同样高，那么攀岩者就可以利用位于两个手点下方的整个直壁区域准备发力。

- 踩点。
- 轻踩。
- 垂直方向的过渡踩点。
- 相对踩点。
- 动态移动脚法。

双脚发力

攀岩者希望发力脚点分布在手点中垂线的两侧，并且高度足够支撑下一次向上移动到达目标手点。如果只有一个脚点，攀岩者的另一只脚则要利用脚与岩壁间的摩擦力稳定身体。除此之外，还可选择用“背腿”的方式向上移动。尤其要保持身体平衡时，可使用后剪刀式技术与抓点技术。

- 确定重心位置。
- 垂直方向的握持手。
- 自由腿。
- 拉脚。
- 后剪刀式。

其他攀岩环境中的合理攀登方式

前面已经提到，目前所简述的概念适用于直壁攀岩。即使在攀登自然岩壁或岩缝这样的岩壁结构时，依然可以借鉴上述的部分技术特征（例如轻踩、轻抓）。但是，这些特征不适用于更复杂的攀登环境。

将每种攀岩技术按特征归于不同的攀登阶段。正角光滑岩壁攀岩尤其能清晰展现这种处理方式。

以正角光滑岩壁攀岩为例

正角光滑岩壁攀岩（倾斜度不超过80°）与直壁攀岩的部分特征有明显的不同。

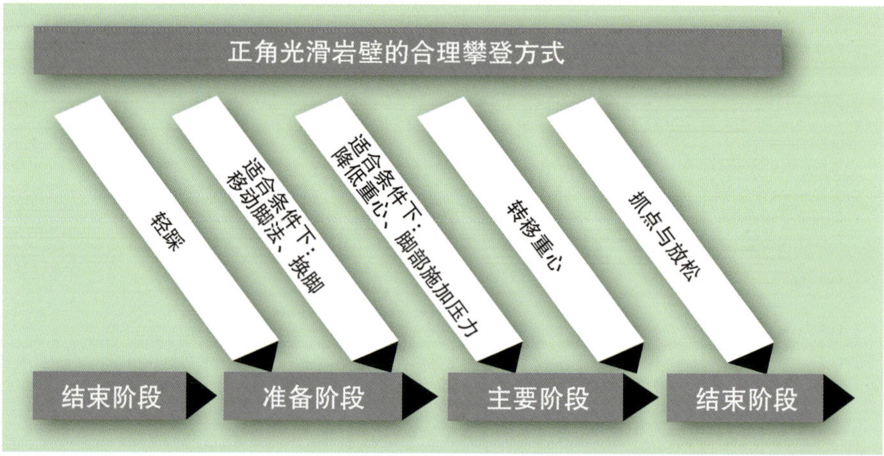

在正角光滑岩壁上攀登时最好全程将身体重心保持在脚点之上，有时只需将双手放在岩壁上保持平衡即可。当脚点较小、坡度较大或脚点间距离较远时，攀岩主要阶段的任务是移动到新的脚点上。

重心转移

当攀岩者必须要将身体的重心从原来踩岩点的脚转移到新的脚点上时，根据不同的环境，可选用静态或动态的移动方式。在动态攀登时，动态冲力来自原来脚点上的脚部发力。攀岩者加速会直线到达所要攀登的最终位置，腰胯发力对此也有一些帮助。对于摩擦力较大的脚点，可以使用静态攀登的方式。这时，攀岩者要将身体重心转移到新的脚点上，然后才能向上攀登。当攀岩者移动到新的脚点上时，抓握新的手点才会既简单又省力。在此阶段保持身体高度紧绷是多余的。因为此时手臂不须用太多力气，所以手臂是伸直还是弯曲并不重要。

针对正角光滑岩壁的攀岩脚法

在攀登正角光滑岩壁时，要既轻又准确地踩到脚点。这种情况下，换脚、支撑或侧拉技术等脚法都可以帮助攀登，也可以在适当条件下使用动态移动脚法和在踩点位置较高时提腿。总之，可以使用多种技术来为下一次的重心转移做准备。

技术特征的划分

在接下来的内容中，按照平衡感、身体张力、动力学和精确度以及协调性，将技术要素进行分类。需要注意的是，并非每种技术在任何时候都是有效、适用的。就像一些训练原则的论述甚至是自相矛盾的。然而，如果人们可以对具体的情境加以分析并思考，哪些原则与特定情况相关联，哪些不相关，那么这些表面上的矛盾就可以得到解决了。例如，在攀岩者使用“侧拉”技术攀登时，就必须违背“重心位于脚上”的原则。

攀登正角光滑岩壁的主要阶段是踩点

用脚前部边缘踩在大脚点上

用脚趾内侧和脚外侧踩点

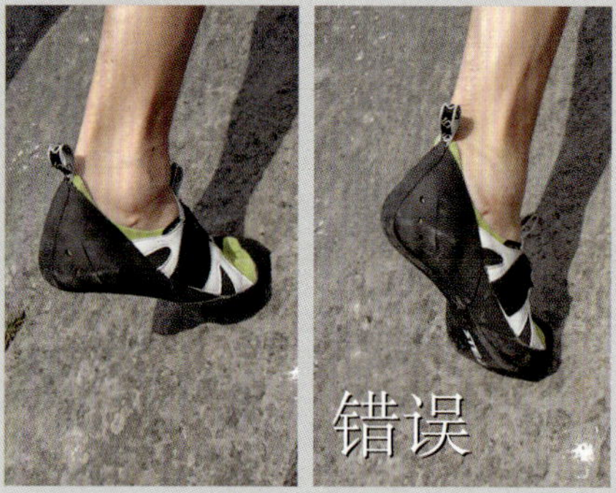

正身脚法中，脚跟不要抬得过高

脚法

一般来说，攀岩者的身体重量是由双手双脚一起承担的。双脚无法承受的重量须由双手承担。站得好的人就能省力。

以下脚法需要穿着轻便、鞋底无花纹的攀岩鞋。在攀登运动攀岩路线、多段攀岩路线时，按标准应穿着这类攀岩鞋，但在高山攀岩时，应穿厚重的高山靴。如果有旅行计划，推荐您进行高山靴攀岩特殊训练。

攀岩鞋必须保持干净。如果穿着鞋底有泥土的鞋攀岩，不仅会弄脏岩壁，还会减少脚部摩擦力进而增加自身攀登风险。如果线路起点处比较潮湿或有泥土，绳包便能很好地发挥作用——保持干净的鞋不会被弄脏。攀石时，攀石保护垫或刮鞋板也是不错的选择。

攀岩鞋越软，就越能发挥与岩壁之间的摩擦作用；攀岩鞋越硬，就越能更好地帮助攀岩者站在小的岩角边缘处。原则上，攀岩者应该精确地踩在合适的脚点上，并且不晃动或频繁移动。脚的位置对了，需要改善的地方就少了。

攀岩者晃动与频繁移动不仅消耗时间，还有可能踩在不合适的位置上。因此，这是不省力的脚法，属于攀岩的错误操作。

具体脚点

如果在攀岩中找具体的脚点，人们更偏爱那些摩擦力大的位置或岩缝。遇到大脚点时，脚的位置没有那么重要，踩在该脚点的任意位置都可以。然而为了使活动的空间大一些，一般是用攀岩鞋的前端

（脚尖部分或脚拇趾踩点）踩在大脚点上。在个别情况下，降低脚跟来踩也是可以的——这样做是为了放松小腿肌肉或防止出现“开门动作”。

在非常大的脚点上一般是前脚边缘承重。脚站在距离岩壁越远的位置，双手须持的力就越小。通常情况下，极小的岩壁边缘用侧面踩——即脚趾内侧边缘，这就要求脚的边缘发力或转脚。这样做是为了防止从脚点上“滑落”。也可以用鞋的外缘（即脚外缘）来踩岩壁的边缘地带。

用脚尖踩在凹陷处和岩洞（正身踩法）时，如果脚内侧或外侧都起不到任何支撑作用，那么应将脚跟微微抬起，使脚掌处于水平状态或微微受力。注意：如果脚跟抬得太高，那么脚尖就有可能从脚点上滑落。

摩擦

人们将摩擦环境区分为水平岩角、较平坦的摩擦面，和正角度岩壁的摩擦脚点。攀登第一种时，使脚底更多地接触脚点，也就是说，脚尖与脚跟水平位置踩点，这是正身脚法，而在小的摩擦脚点，尤其是摩擦凹陷处时，应将脚跟适当地抬高，否则脚就会从脚点上“滑下”。攀岩者应该平稳地站在摩擦脚点上，一旦移动了脚，就有可能滑下。在攀登平坦的花岗岩板或石灰岩板时，攀岩者可通过不停地移动在一定程度上保持平衡。如果在攀登砂岩时这样做，则会导致不利因素：攀岩者在负重的情况下不停地移动脚，会使脚下的砂粒分解，从而大大增加滑落的可能。所以，人们在攀登砂岩时要尤其注意，除了鞋底以外，脚点上也应该保持干净，没有沙子（若有，就吹掉或蹭掉）。

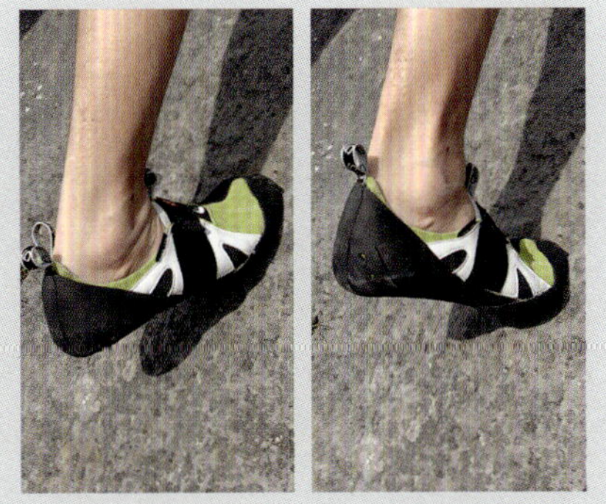

上图：在摩擦脚点上脚跟较低。而在摩擦凹陷处，脚跟与脚尖处于水平状态

左图：借助摩擦力攀登

狭义上的“有摩擦力的攀岩”可以在岩壁上没有明显突出支点的情况下完成：双手处于支撑位置以便保持平衡，通过绷紧身体达到增大鞋底摩擦力的效果。

涨脚

宽4~6 cm的岩缝是典型的涨脚点。攀岩者扭转脚把脚尖塞入岩缝，并在此向回旋转。如果攀岩者想尽可能多地把脚塞进岩缝并使劲往下踩直到卡紧，会很难从中抽出脚来。为了更好地卡入岩缝，攀岩者可以用脚趾使劲地钩住岩缝，但往往他们会在攀岩过程中找到比岩缝更好的固定脚的脚点。

如果岩缝比较狭窄（只有手臂的宽度），则采用对角式动作（转动膝盖）把脚尖塞入岩缝；如果岩缝比较宽（较瘦的人能侧身进入），则尝试侧身用全脚卡住岩缝。

拉脚与勾挂

“拉脚”指攀岩者在进行仰角攀岩时为了把重心靠近岩壁而使用的技术。通过脚部对身体重心的牵引能减缓身体晃动并且减小手部压力。此时，脚应该放在适合的位置，利用脚尖压力紧紧钩住脚点。接下来，攀岩者就可以把身体，更确切地说是腰胯部慢慢拖向岩壁。如果脚点太高或太远，攀岩者也可以利用脚跟来完成这一动作，这就是所谓的“挂脚”。攀登屋檐型岩壁时，可以利用较大的支点或类似结构练习挂脚。

此外，也可以用脚背勾住适合的岩壁结构，这种技术叫作“勾挂”或“脚趾勾挂”。一只脚勾脚，另一只脚利用脚尖踩住支点，这样就完成了一次踩点勾挂动

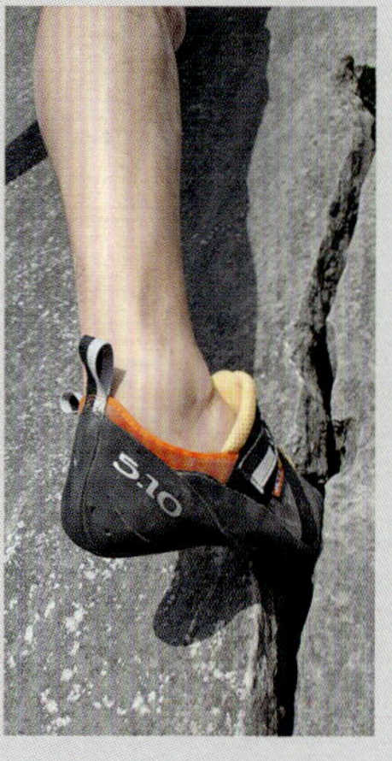

脚尖卡

全脚卡

拉右脚

作。这一动作能让攀岩者的身体更靠近岩壁。

以上这些都属于脚的勾挂动作，攀岩者要想在仰角岩壁上休息时也经常用到这种技术。休息时，攀岩者进行脚跟勾挂，在移动时改变脚的位置，转换成常规踩点。

换脚

“换脚”指攀岩者在同一个脚点上换脚的技术。之前采用“换脚点”一词表示这一过程，但由于是在同一脚点上换脚，所以“换脚”一词更为精确。

换脚有静态和动态之分。随着时间的流逝，一些文献中提到的“蹦起”和“跳脚”等技术词汇已经过时了。

如今，人们用“动态换脚”这一名词替代了上述两种技术词汇。在进行动态换脚时，两只脚始终保持一上一下的状态。这一换脚方式通常发生在较小脚点的情况下，攀岩者需要在达到最高点时把下面的脚抽出来。踩在小脚点上时，攀岩者需要轻柔、流畅地换脚。

换脚时，由于两只脚要踩在同一个脚点上，攀岩者在第一只脚踩住脚点时，需要留一点位置给接下来的那只脚。在大脚点上换脚时，这不成问题，但在小脚点上换脚，就需要很高的精准度了。

依靠摩擦力换脚时，攀岩者紧绷身体，以此在短时间内得到反作用力。利用这股反作用力，攀岩者可以换脚，最终成功踩到下一个脚点上。

利用过渡脚点换脚时，共需要三步才能踩到下一个脚点。在这种情况下有时不需要换脚，因为攀岩者可以通过过渡脚点调整踩点顺序继续攀登。

左图：
脚跟勾挂

右图：
脚尖勾挂和转脚尖

动态换脚。
准备动作：一只脚直接踩在另一只脚的上方

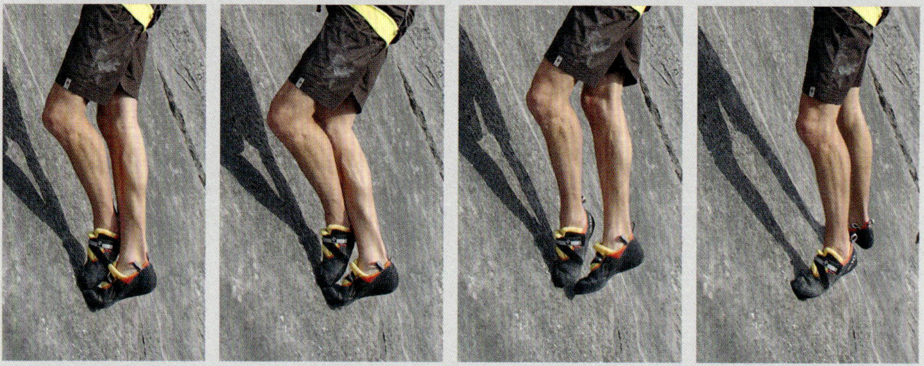

动态换脚：
在大幅度下降时使用

水平踩点：
事先给另一只脚留位置

手法

此部分的目的在于帮助攀岩者熟识适用于不同情形的手法，并能够应用在实际操作中。由于在攀岩时攀岩者胳膊的血液循环会受到影响，应该尽可能地减轻胳膊的压力。“轻抓”以省力为原则，力求精准移动。

省力的手指位置

较小的手点会给攀岩者的手和胳膊造成很大的压力，受伤的风险也就更大。因此，应该多采用更有效的手法，以减少受伤风险。但也存在必须使用“不利”手法的特殊情况，这需要在合适的范围内对此进行训练。

与扣式或水平式的手指位置相比，挂式的手指位置，更容易避免对身体造成伤害。强烈地弯曲第二指关节、被动地过度伸展末端关节都容易造成指关节韧带撕裂和肌腱炎。分层扣式手法经常用于细小的分层岩石攀登中。

虽然悬挂式手法比扣式手法更有效，但也更难操作，容易给攀岩者造成即将坠落的心理负担。

手点

按照作用力的方向可以将手点分为一般手点、侧部手点和下方手点。岩点的类型包括抓握型岩点、捏型岩点、摩擦型岩点、指洞型岩点、砾岩型岩点、粗糙岩点。向内弯曲形成碗状支点的岩点被称为“积极点”或“大点”。攀岩者除了给岩点施加向下的拉力，还可以对岩点施加向外的力，即攀岩者向外转动胳膊并把拇指肚放在岩壁上，攀岩者应该尽量增大手掌和手指与岩壁接触的面积。有些岩点只有在某些特定的作用力方向上才能承重，所以攀岩者必须要因地制宜地选择适合的攀岩技术。如果使用了不合适的技术，则会破坏岩点，导致其不能再被使用。

遇到指洞型岩点时，攀岩者需要使用最有力的一根或两根手指。如果这个岩点很容易将手指伸进去的话，则可以进行策略性的负荷变化，使用力量相对小一点的手指。如果指洞太窄只能通过一根手指，一般情况下这个洞对中指来说空间会太狭小。如果这个指洞很锋利，那么攀岩者就应该考量一下风险程度了。如果脚已经开始滑动，而手指卡在了岩洞里，这时恐怕只能祈祷指洞碎裂以避免手指严重受伤了。

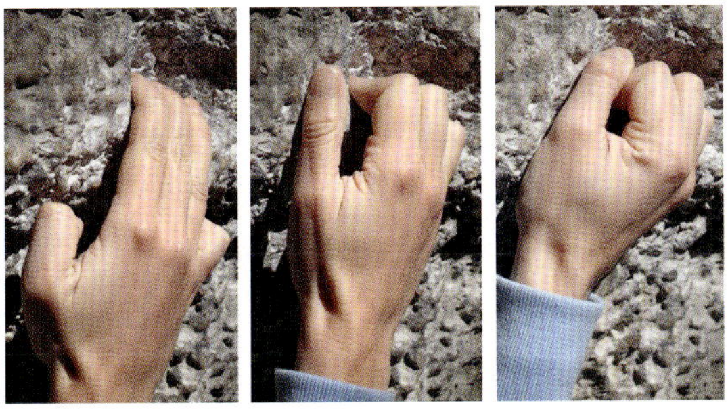

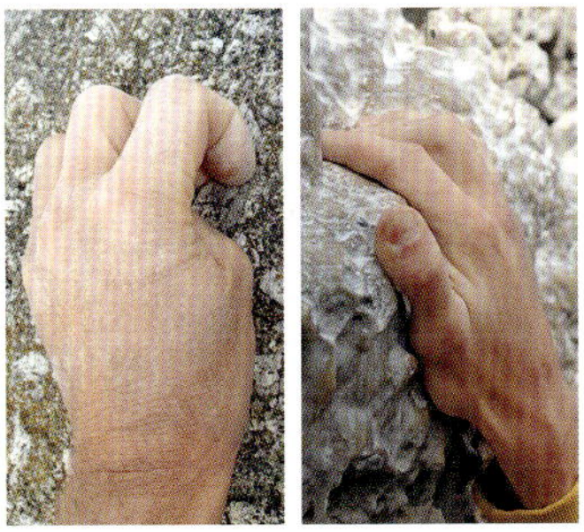

左三幅图（手指位置）：挂、水平、扣
右两幅图中，左图：分层扣；右图：形状贴合

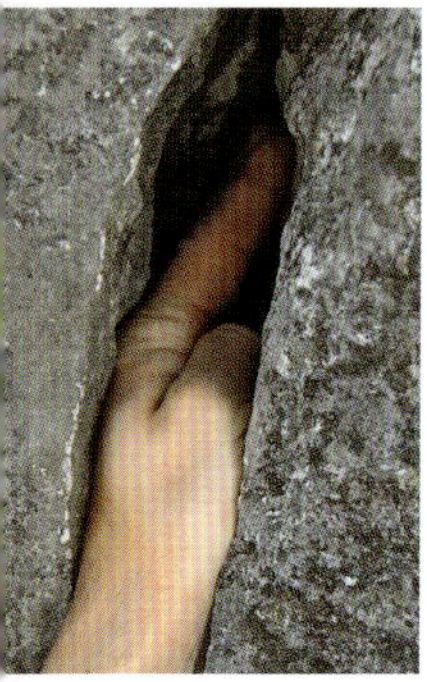

涨手。通过加厚鱼际（拇指球）区域产生涨手效果

此外，如果把手指卡在狭小的挂片中或是佩戴戒指都有可能给手指造成严重伤害。

碰到指洞型岩点和砾岩型岩点时，最好动用多根手指，以此来增加合力。使用捏型岩点时，拇指和其他手指之间会产生捏紧后的反作用力。同时，捏型岩点为攀岩者提供了改变受力方向的机会，一般这种机会只有在碰到良好岩点时才会出现，在这种情况下，攀岩者的发力比通常所需更小。碰到大而圆的岩点时，攀岩者可以用整个手抓住它，胳膊既可以向内旋靠近小拇指，也可以向外旋靠近中指，这种情况是比较省力的。如果碰到的是较小的砾岩型岩点或者较大的长石砂岩岩点，则需要弯曲大拇指，同时借助大拇指和其他两根或三根手指合力抓紧岩点。

涨手

典型的例子是手掌厚的岩缝。将大拇指向小拇指方向移动便能达到稳定的效果。这样拇指球区域会变厚，与手背相互作用形成涨手，并且尽可能靠近与其形状一致的岩缝位置。手在压力下不允许在岩缝内滑动，否则很有可能会擦伤。为了支撑涨手，可以将大拇指在掌指关节处弯曲，以此再额外产生一个反作用力。若仅仅依靠弯曲手指的反作用力涨手的话，虽然用了很大的力，但也有可能会受伤，并且不能保证涨手成功。

涨手时，手基本上是拇指朝上伸入岩缝里的，只有这样才有可能继续向上攀登。如果岩缝是斜着的话，那么在上方的那只手经常是拇指朝下的。如果手

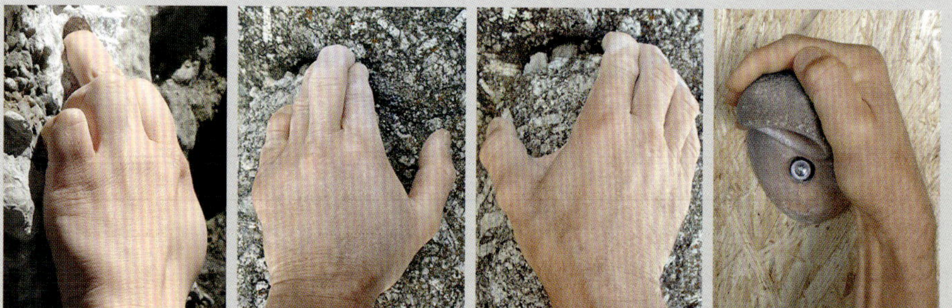

上边四幅图：不同的抓式（手孔、手捆、手钳，将手置于其上）手法

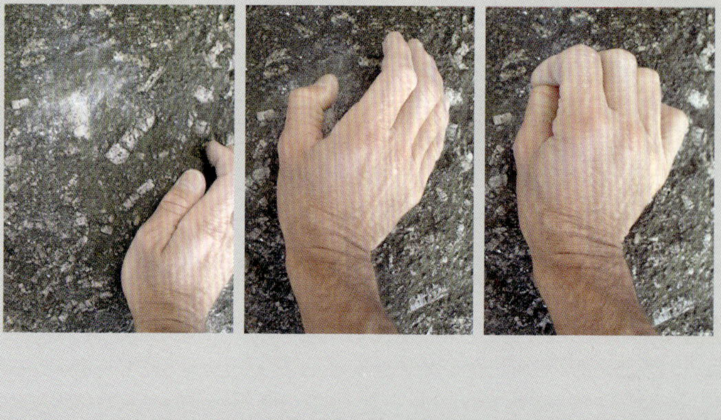

右边三幅图：点状拇指岩点（长石晶体）

点在岩缝靠上的位置处，也同样使用拇指朝下的方法。用这种方法能把手更好地卡住，但若在攀岩者头部以下的位置将拇指朝下就会相当“扭曲”了。

岩缝有手指宽时拇指朝下，其余四只手指都插进岩缝中，在压力下扭曲手指，就能实现涨手效果。然而这种“扭曲”不利于生理健康，还可能会导致手指中间关节脱臼或外侧韧带出现问题。通常手指宽的岩缝能很好地卡住，而宽度在手掌与手指之间的岩缝会让人感觉非常吃力。这种情况下有两种办法：要么（拇指朝下）用食指处的掌指关节在岩缝中卡住，要么使用“指环卡紧技术”。使用指环卡紧技术时，要将拇指放置在岩缝中的一个合适的位置上，然后将食指和中指朝下放入，直至在岩缝中卡稳。

岩缝有一拳宽时，攀岩者首先放松手，然后将手指伸展开并伸进岩缝中。在涨手的位置攥紧拳头。将食指与小指的指关节卡在岩缝中的方法被称为“小指关节与拇指外侧相互作用”，它在实际操作中容易产生令人不满意的结果。总的来说，拳头宽的岩缝中的涨手经常会让人感觉不安。攀岩者必须定期练习涨手技术，只有熟练了才能在需要时相信该技术。

当岩缝宽度超过一拳时，攀岩者可将双臂交叉，双手手背紧贴，用两只手一起卡在岩缝中，这种技术因其发明者被命名为“黎维特法”。虽然该技术的涨手效果非常出色，但形成双手联合涨手很难。如果岩缝再宽一些，就可以使用手拳联合涨手，即一只手的手掌与另一只握拳手的拇指一侧相互作用卡在岩缝中。

若岩缝是斜着的，那么上面的手的拇指朝下卡在岩缝中

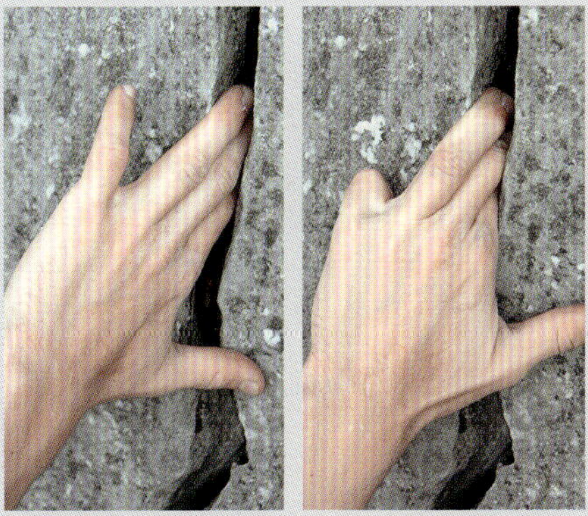

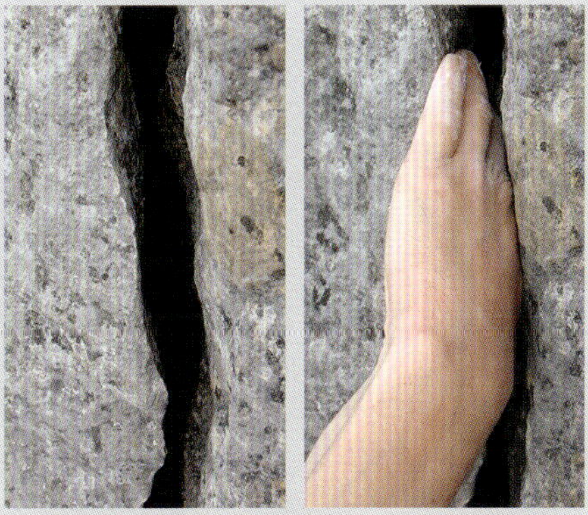

左图：手指涨手。通过扭转手指产生涨手效果

右图：宽度在手掌与手指之间的岩缝。用食指掌指关节卡在岩缝中

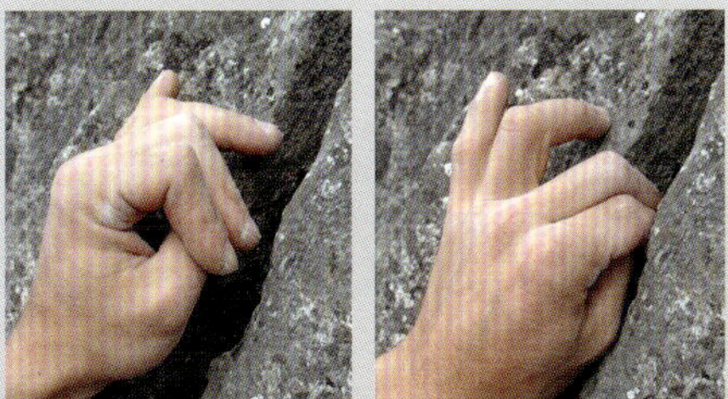

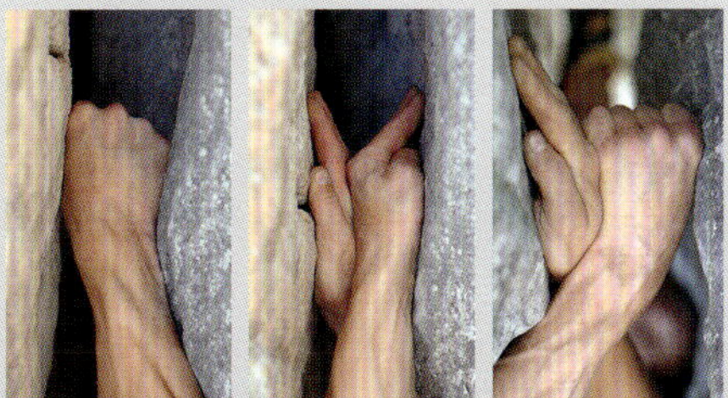

左图：宽度在手掌与手指之间的岩缝。使用“环锁技术”时拇指与食指或中指相互作用

右图：从左到右依次为拳头涨手、双手联合涨手、手拳涨手

平衡

通过移动腰胯带动重心调整，实现在垂直或接近垂直的路线上，利用脚点保持平衡。这考验攀岩者的平衡能力，这时要遵循一个原则，即“把重量放在脚上”，或者说“站在岩壁上”。

攀岩是一项平衡运动，遵循脚点第一的原则，手点反而是位于第二位的。

如果攀岩者悬垂在岩壁上，则应以“重心在双脚的上方”为原则找脚点的位置。主要方法是在握持手的垂线上找到脚点，并将重心尽可能转移到垂线上，也就是“重心在手点下方”。此项运动特征也会在下文中讲述。

在“垂直方向的平衡”中，会介绍如何在攀岩时尽量减少“开门动作”，这是一种省力的攀登方式，在手点上不需要花费过多的力气就能稳定住身体。你会注意到，利用脚点的攀岩恰好与出现“开门动作”的攀岩相反。后者虽然可以借助手点发力，但是更耗力。

重心在脚点正上方

在70°~80°正角度倾斜的路线上仅仅靠单脚就可以保持平衡了。重要的是，要找到一个新的脚点并且站稳。岩点越少，这个原则越重要，重心在脚上或者在移动脚法中每一步都要保持稳定。把注意力集中在脚的移动顺序上，形成一个移动路线。岩点的大小可以说是次要的。

因为有合理的规划和执行，所以攀岩者只需要较小的摩擦力就可以稳定住自己的身体。

在垂直的、有具体脚点的岩壁或直壁攀岩时，攀岩者可以把重心尽量靠近墙壁。在移动脚法中，攀岩者要把膝盖适当地侧向一边，而不是完全弯曲顶在身体前方。主要使用正身攀登方式，因为这样攀岩者的重心比侧身攀登时更靠近岩壁。

以髋部作为运动中心

通常来说，髋部代表了身体重心的位置。人们注意到，重心有时会落到身体以外（比如，在侧拉技术中）。移动腰胯可以转移身体重心。

攀岩者要把头远离岩壁，以便观察接下来的岩点顺序，同时把骨盆尽量贴近岩壁，这个姿势被称作“弓形姿势”。相反，在直壁攀岩时，为了能够去踩更高的点，攀岩者会不停地使骨盆短暂地远离岩石。在侧拉技术中，这个方法尤其适用。

在前文提及的脚部牵引技术中，攀岩者可以预测性地将一只脚放在远离身体一侧，当主支撑腿发力后再将身体重心移动到牵引腿上，便于之后的继续发力。

重心在站立脚上，骨盆侧向移动减轻左脚的负重

左图、中图：正身攀岩的身体重心比侧身攀岩更贴近岩壁

右图：躯干呈弓形后仰

借助摩擦力踩稳，需要重心暂时向后转移，发力动作的准备，紧接着“手脚分离”（脚点的移动不受限于上肢移的动）、上身“伸直手臂”

垂直方向的踩点

在双脚侧撑的姿势中，主要是攀岩者的负重脚发力来向上攀登。通常可以通过侧身重心转移、反肘和手撑技术来实现。如果目标脚点离得太远，这时攀岩者必须让第二只脚可以脱离脚点自由悬垂，通过换脚、使用另外一个脚点或者通过借助摩擦力踩稳来解决。第二只脚脱离脚点后，用第一只脚在原脚点来代替支撑重心。

垂直方向的平衡

在陡峭的路线中，攀岩者要根据合理的岩点组合攀岩动作。双脚为接下来的动作固定位置，同时依靠抓点手保持身体垂直。脚点选得越好，对双脚的定位精准度要求越低，攀岩者可以在脚点右侧站着也可以在左侧站着。一个好的脚点可以减少身体旋转次数，差的脚点就需要更精确地定位。尤其是依靠脚点摩擦力攀登的时候，攀岩者只能通过脚的牵拉来降低身体旋转的可能性。

就组合而言，垂直轴上的平衡比水平轴上的平衡更受关注。例如在不用脚的引体向上中，双脚依次抬起。只要攀岩者一只脚离开地面，身体都会或多或少地摇摆。基于这点，人们提出一只脚在原脚点上时，先转移身体重心，以便于减少脚部离开支点后身体的扭转：摆动幅度越小，垂直轴上的平衡就会越好。

就抓点阶段的省力而言，平衡感起着至关重要的作用。它涉及攀岩者能否以不产生身体旋转的方式转移身体重心。当攀岩者开始左右摆荡时，必须尽快找到合适的脚点。正如前面已提到过的，这个脚点应该位于抓点手垂线附近两侧。

方向偏离时脚的位置

在侧身抓点时，攀岩者可将脚点上的脚往手点受力相反的方向发力。这个方法同样适用于仰角岩壁和屋檐型岩壁处比较难攀登的脚点。攀岩者可以以此来牵拉和勾挂手点和脚点，如果依靠脚部发力攀登，可以在手点受力相反的方向选择适合的脚点。

在仰角攀岩中还要补充“选择与目标手点方向相反的脚点”这一方法。这个方法被称为“钟表式定位”。Y. 雅库布 · 昆克基于一项调查得出结论：双脚侧撑角度要小于要求的60°。

岩壁的仰角越大，以上方法越有效。由于脚点无法实现省力的定位，攀岩者必须通过相应的技术，如拉脚（见第30页）或者剪刀式技术（见第68页，后剪刀式技术；第71页，前剪刀式技术）来稳定自己。

垂直方向的过渡踩点

垂直方向的握持手。双脚和重心可以顺利地在新的岩点下方移动

在向右受力的侧身抓点时双脚相对踩点

通过勾脚来保持平衡

“钟表式定位”

单脚技术

在抓握期间双脚在岩点上踩点会更稳定。如果只有两个支点供手脚使用，抓握就只能在单脚稳定状态下实现，这种技术被称为“单脚技术”。值得注意的是，单脚技术也符合双脚技术的规则。攀岩者不是忘记了另一只脚，而是有意识地把它悬在空中。

自由腿

悬在空中的腿，我们称之为“自由腿”。身体和腿都不应该来回摆动，而是处于垂直轴的平衡状态。在这个位置的攀岩者就像一扇挂在墙上的门，“这扇门”在一定范围内摆动，最后保持静止状态。

单脚技术经常用于侧身攀岩中，一般由在抓点手对侧的脚踩点，但也有同侧单脚技术，所以要区别“对侧单脚技术”和“同侧单脚技术”。

“三点不动”规则

单脚技术在垂直轴原理中很重要，且与“三点不动”规则完全相反，更适合中等水平的攀岩者学习。“三点不动”规则要求任何时候攀岩者都有三个部位和岩壁接触。与这个规则相关的是，攀岩者要提升对垂直平衡轴的敏感度。虽然“三点不动”规则可以让攀岩更安全，但这种攀岩方法也是有局限的。

那些不熟悉或者不会使用单脚技术的攀岩者，应该有意识地加以训练。能迅速找到垂直平衡轴，将会在紧急情况下受益。

垂直平衡与“开门动作”

正如上面所提及的，侧身摆动无法控制的情况，被称为“开门动作”。如果攀岩者通过定位无法达到垂直平衡状态，则无论好坏都要去尝试新方法，在移动过程中固定位置。用抓点手或者脚牵拉、钩挂，用折膝和前后剪刀式动作是解决“开门动作”的方案。

人们注意到，剪切力和压向岩壁的摆动腿之间存在着一个过渡。攀岩者可以把摆动腿压向岩壁来应对“开门动作”。虽然过渡是流畅的，但是人们也应该区别悬在空中的自由腿和压向岩壁的腿，第一个符合垂直轴理论，第二个属于控制“开门动作”的措施。

在日常攀岩中这个区别是无关紧要的。一条稍微伸直的踩点腿可能比悬在空中的腿感觉更好。然而这个区分对于理解“在垂直状态”和“不在垂直状态”的划分以及有意识地训练垂直平衡十分重要。

左图：对侧单脚技术

右图：同侧单脚技术

“开门动作”的两个解决办法。

左图：后剪刀式动作

右图：折膝

左图：流畅地在背腿之间过渡

右图：后剪刀式动作。通过后剪刀式动作可以把重心向左转移

绷紧身体

一方面，攀岩者必须要熟悉“绷紧身体”这一准则。“你必须更大程度地绷紧身体”——当一个攀岩动作没做成功的时候，专家经常给出这样的分析。另一方面的准则是，用尽可能小的力量攀登，当然同时需要适当绷紧身体。

绷紧身体有很多作用。抽象来讲，可以把手点、脚点“拉”到一起，或者分开。从实践角度来讲，比如在一个大型摩擦力点上按压，通过反手抓来攀登，在涨手入缝隙或者在侧拉时依靠脚点摩擦力攀登。

用最小的力量或者适当绷紧身体攀岩的目的是，避免攀岩者所有的肌肉处于高度绷紧的状态。在仰角岩壁攀岩时，攀岩者要最大限度地绷紧身体，但是这并不意味着一成不变，也需要根据具体情况将身体调整为不同的绷紧状态。紧绷整个上身，这是初学者犯的典型错误。缺乏运动经验，甚至恐惧也是导致这种费力攀登方式的原因。

人们猜测攀岩者出现所谓的“踩缝纫机”（小腿和跟腱无法控制地抖动）的状况的原因是腿部过度绷紧。但真正原因是错误的绷紧比例：攀岩者上身过度绷紧，同时脚点负荷过低。

身体绷紧程度

原则上，攀岩时要尽量减少身体不必要的绷紧状态。攀岩者的紧张感越多，消耗的能量越多，并导致过早疲劳。在可选择的攀岩技术中，人们更倾向于选择省力的方式（比如缝隙技术对照侧拉技术）。必要的身体绷紧程度随着岩壁的倾斜度和攀登难度的增加而上升。高难度攀岩要求攀岩者保持高度的紧张状态，这种状态可能表现在某个动作上，也可能贯穿在整个路线中。

交替绷紧

攀岩者攀岩时，在不同的情况和阶段，身体绷紧状态会交替出现，不仅是在特定的技术中，在每个动作中都可能出现。高度绷紧状态通常出现在抓点阶段。

各个阶段的绷紧状态

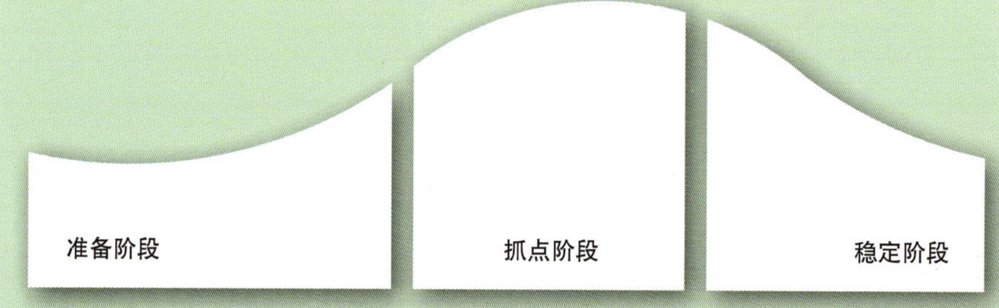

此时，攀岩者不得不投入最大的精力和力量，否则难以完成动作。在寻找身体位置期间，攀岩者尝试着尽量减轻绷紧程度（比如借助“伸直手臂”的方式）。在抓点阶段，由于攀岩者只有一条手臂与岩壁接触，身体绷紧程度持续加强，这需要消耗相关机体系统的双倍力量。攀岩者在动态移动和稳定阶段也必须保持高度绷紧状态，同时保持抓点手完全负重，直到完全控制好身体的重心。

摆荡

攀岩者双脚离开岩壁，进而出现摆荡。降低摆荡幅度的最好方式是减短身体纵轴长度，即蜷缩胳膊和腿。攀岩者的一只脚尽量在第一次摆回来时就找准脚点。在一些情况下也需要双腿有意识地在来回摆动的同时找到新的脚点（见第44页左两幅图）。重要的是，至少在第一次摆回来时就有一只脚找到脚点。理想情况是，最好双脚都能立即找到脚点。

屋檐型岩壁上的有效控制范围

在屋檐型岩壁或大角度岩壁攀岩时，绷紧感负责有效控制范围。无力的完全悬挂，将极大地限制攀岩者的有效控制范围。攀岩者身体的绷紧度越高或者骨盆越接近岩壁，可触及的抓点范围越大。许多技术动作可以帮助攀岩者在攀岩时尽量减轻身体绷紧程度，如蛙式技术。与正身技术动作相比，侧身技术减轻了攀岩者上身的绷紧程度。攀岩者要想不费力地锁住岩点，则可以利用所谓的“旋转上升”技术。

抓握新支点

如前面提到的，身体绷紧状态也会根据不同的情况和阶段交替出现。

防止摆荡。攀岩者的脚在第一次摆回来时就已经找准脚点

攀岩者在稳定身体位置前，抓握目标手点与初始手点的手均需要抓紧。如果目标手点难以抓握，那么双手须同时发力，只有到了最后一刻，才可以放开初始手点（见第45页第一组的三幅图）。过早地放开较低的手点是初学者易犯的典型错误。攀岩者努力想触碰到目标手点，但是所处位置太低，无法够到目标手点。接下来就是毫无目的地四处摸索，想象自己可以紧紧抓住某个手点。如果足够幸运，攀岩者真的可以找到新的手点，但是单靠一只手臂重新稳定身体位置是十分费力的。总之，过早放手会让人筋疲力尽，并且经常以冲坠或放弃而告终。攀岩者要始终保持紧握两个手点，直到找到正确的身体位置后，就可以开始抓握新的手点了。

快速贴合岩点形状

这里所说的“快速”指不间断地完成手部动作，并且尽可能快地贴合岩点形状抓握手点。如果攀岩者的手指很难伸进岩点中（伸入型岩点）或者当无法牢固抓握岩点时，就需要利用绷紧状态将身体位置锁定。

只要存在中间过渡点，攀岩者就可以加以利用。尤其当距离较远时，利用中间过渡点可以使寻找身体位置变得简单得多。在此期间，抓握手点的手可以抓住目标高度下的过渡手点，以便于再次向上踩点后到达目标岩点。

伸直手臂

在许多情况下，伸直手臂十分有用。当攀岩者伸直主要受力的手臂时，可以有效缓解肩部的绷紧状态。伸直手臂适用的范围：挂快挂时、在休息位置时、准备阶段的“手脚分离”时或侧身动作的抓点阶段等（见第46页两幅图）。

如果攀岩者始终遵循这样的攀登原则，那就不得不长期忍受肩部问题的困扰。紧随伸直手臂而来的就是肩膀向上移位和肩关节的韧带、关节囊被动悬挂。很多攀岩者习惯于让肩部处于被动的悬挂状态，并且在艰难的移动过程中放松肩部肌肉。

左两幅图：双腿甩脚

臂部紧贴岩壁，把移动范围扩展到最大

尽可能久地抓
握初始手点

抓握新手点，不
间断地将手移
动到目标手点

利用中间过渡
点使身体摆荡
到更高的位置

以肩部为中心

由于控制或牵拉运动让攀岩者单侧负荷，肱骨头往往会在肩关节处向前移位。关节只在较浅的关节窝处活动，并且主要通过肌肉保持稳定。肩胛下肌（内回旋肌）则主要负责向后的稳定。此外，被动“悬挂”也会对肩关节造成压力，因为背阔肌附着在肱骨上，将上臂向下拉伸。与此同时，肩胛骨也被向下牵引，肩关节得以放松。

伸直双臂时不一定要立刻开始放松，肩部仍可以保持在中心位置上。此时，肩胛骨（主要是背阔肌和三角肌）的位置要较低并靠后。除此之外，攀岩者应习惯于通过肩部运动带动移动动作，用肩部带动手臂弯曲。

如上所述，伸直手臂是合理的攀岩方式。在运动的准备阶段，降低身体重心、保持身体处于较放松的状态可以为攀登仰角路线蓄力，最终成功完成较困难的路线。但是，这也会造成有些肌肉得不到充分地锻炼。

于是出现了两个值得重视的问题：一是攀岩者肌肉强度的不均衡，二是在难度系数史高的路线中攀岩者能力不足。攀登难度越大的路线，要求攀岩者身体高度紧绷的位置点就越多，例如，仰角上的大型摩擦点和深度锁定移动。如果攀岩者总是能够利用侧身动作巧妙地完成远距离移动，那么就不需要训练正身锁定技术。通过伸直双臂找到合理的身体位置不会给躯干带来任何的训练刺激。躯干只有在攀岩者攀登倾斜的仰角岩壁时才需要主动地保持稳定。简而言之，在X等级中有效的方法不一定适用于X+1等级。

左图：伸直手臂并放松，紧盯目标岩点

右图：侧身动作，抓点过程中伸直手臂

肌肉强度不均衡

肩胛带的肌肉强度不均衡在很多攀岩者身上都是很明显的。你一定见过一些攀岩运动员很难站直，肩膀前倾。肌肉强度失衡可能会引发一些炎症（有时是慢性的），严重的还会有肩膀脱臼的风险。

肌肉力量不足

即使有足够的肌肉力量，在肩部被动“悬挂”时也发挥不了太大的作用。背阔肌、肩胛骨肌肉组织以及回旋轴没有得到充分地锻炼，所有的牵拉动作都要通过屈肘来完成，这会导致攀岩者无法完成远距离的发力动作。

如果攀岩者习惯于用不正确的方式仅锻炼对攀岩重要的肌肉，那么可能会面临因肩部经常被动悬挂而骨骼变形的问题。

改进肩部训练

尽量避免上述问题是很有意义的。如果你已经有了这样的困扰，并且一直忽视了这个重要的问题，那么最好先从一些简单的路线（例如在热身时）开始改变。此时，你可以集中肩部力量，伸直手臂时不要立刻放松所有的肌肉，而要让背阔肌和肩胛骨肌肉保持适当的紧张度。对于肌肉力量较大的攀岩者，建议有意识地定期使用正身技术动作，不使用动态动作攀登。以这种方式训练可以刺激攀岩者锁定位置时使用的肌肉组。此外，在所有独立的力量训练中（例如引体向上、屈臂撑体、肱三头肌收缩），要在保持双肩平均发力的条件下正确完成所有的训练动作。

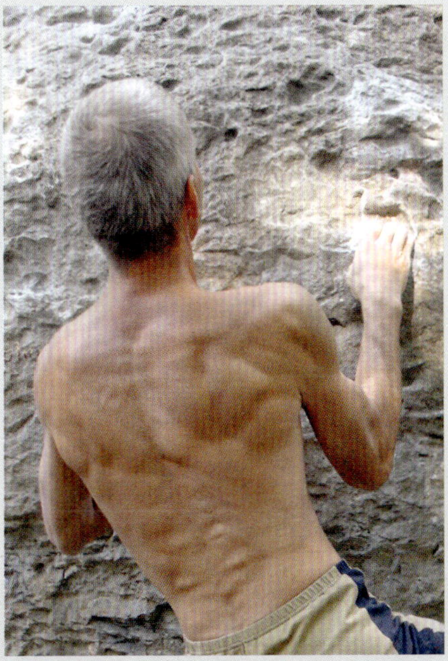

左图：抓握右侧手点时，肩部要位于中立位，且向下方夹紧

右图：肩部靠近耳侧可能会导致骨骼变形

动态动作

动态移动比静态移动所需的动作更多。初学者常犯的一些错误可能会导致动作失败，例如在准备阶段忽视从稳定位置发力的重要性，反而去尝试不稳定的动态移动或“猛扑”。同静态移动一样，动态移动也需要脚部正确定位。但是，动态移动过程中的时间规划更复杂，并且应该基于静态的运动模式进行练习。

静态攀岩方式

在静态攀岩过程中，攀岩者在抓点时躯干在原来的位置保持不动（身体不向上移动抓点）或者身体在抓点阶段自然流畅地向上移动。在这两种运动模式中，动作幅度都很小。在原手点必要的发力基本没有减少。

动态攀岩方式

与此相反，动态攀岩需要一跃而上，攀岩者的躯干要积极参与到运动过程中。在抓点阶段原抓点手的发力将会减少。按照加速强度（爆发式、柔和式）和加速方向（朝岩壁方向、向上、摆荡）可以划分不同的动态移动方式。其他的不同点也可通过脚部动作（双脚踩点、单脚踩点、双脚离开脚点）和手部动作（一般动态移动，连续动态移动）进行区分。

由于攀岩者在攀岩过程中都会使用动态动作，因此，不必将动态移动视为孤立的技术形式。相反，攀岩者应将本部分针对每种情况介绍的基本原则运用到实践中。对于一些特殊的形式，如摆荡式动态移动、连续动态移动、跳跃及柔和式动态移动，将在后面章节中详细讲解。

动态移动、蓄力准备、加速、抓握新支点

动态攀岩的时机选择

攀岩者需要思考，什么时候应该采用动态的攀岩方式。更省力的攀岩方式可以提高攀岩者的成绩。用动态攀岩的方式能够完成静态攀岩不能完成的移动。然而需要指出的是，一次失败的动态移动可能会导致攀岩者坠落。攀岩者应该提前弄清楚的是，冲坠是否合理，是否已在攀岩绳上进行有缓冲的软保护或在铺设良好的攀石垫上方，否则最好不要在此处冲坠。

加速

攀岩者加速的柔和度或爆发度取决于实际情况。攀岩者进行动态移动时太犹豫会导致失败。另外，有些攀登区域不需要太大幅度地移动，并且也会有一些位置虽然可以静态攀登，但如果使用动态移动的方式，攀登会更加顺畅。

同样，加速方向也必须符合实际情况。远距离的动态移动往往发生在垂直方向上。在直壁上，这种加速方向一目了然。此外，这种向上的加速方式也适用于攀登屋檐型岩壁和仰角岩壁。只有在垂直方向加速时，才存在一个动作曲线的最高点。在垂直方向加速时，攀岩者在蓄力准备时要将身体远离岩壁。

一个例外是，动态移动的位置有较差的初始手点和不错的目标岩点。此时，攀岩者的加速方向应是目标岩点的方向，同时脚部要离开脚点，向外摆动。因此，在稳定阶段，攀岩者应尽力控制所产生的摆动。相同高度的目标岩点，对应的加速路线越长，所需的目标点抓握力就越小。因此，攀岩者会选择尽可能长的加速路线，在加速前最大程度地降低重心位置（蓄力准备）。

动态移动失败后进行冲坠

攀岩者使用动态移动让重心向下，以便于利用由此产生的肌肉和肌腱的预应力。在斜面上，加速空间有限，最大幅度地下蹲可能会导致手滑。在这种情况下，攀岩者必须又快又狠地加速。

猛扑

当攀岩者无法加速时，必须用最快的速度抓握手点，这种技术被称为“猛扑”或“动态卸力”。只有在没有加速空间时，这么做才有意义。在抓点阶段，攀岩者的身体已经向下移动，由此产生的摆动必须在到达目标岩点时停止，这意味着抓点的手和肩部受伤的风险增加。

在动作曲线最高点处抓点

在理想情况下，攀岩者在动作曲线的最高点，即“死点”处抓握手点。这个概念指重心移动过程中的回归点。与汽油发动机的点火时间在活塞即将到达动作曲线最高点时类似，抓点手在身体到达最高点之前就要离开起始手点。

只有这样，攀岩者才能利用“失重”的短暂时刻抓握新的手点，并且迅速加强身体的紧绷度。目标岩点的位置越倾斜，加强身体紧绷程度就越重要：如果身体绷紧速度过慢，双脚可能向外摆动，最终导致冲坠。

腰胯发力

动态移动可以从腰胯开始，人们称之为“腰胯发力”或“波浪式动作”。攀岩者的腰胯部会最先朝岩壁方向加速。在此阶段，攀岩者的手臂保持伸直状态，紧接着通过脚部发力上半身开始加速，并开始进入抓点阶段（腰胯部到达动作曲线最高点）。与常规的动态移动不同的是，“波浪式动作”给人带来“完整”的运动感受，也给攀岩者足够的时间去抓握新的手点。然而，不论是根据众多攀岩者的运动经验还是科斯特迈尔的研究，都证明了“波浪式动作”并不适合双脚都离开脚点的情况。

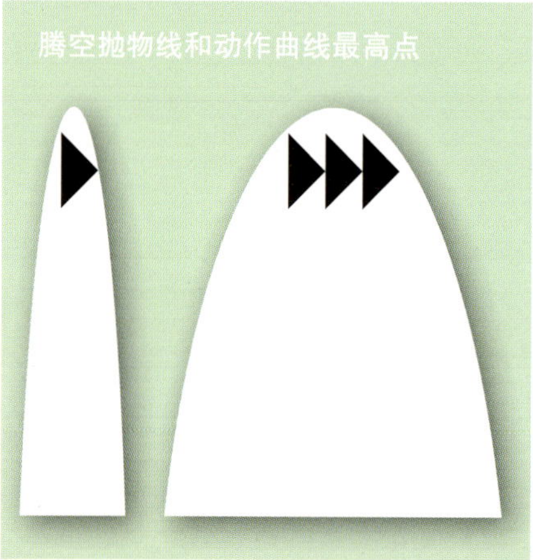

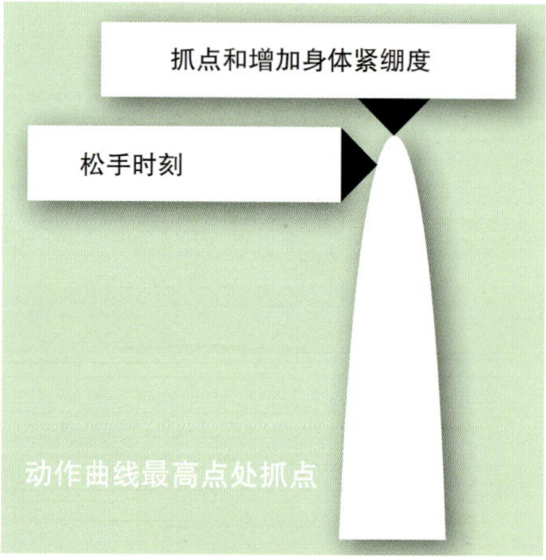

左图：腾空抛物线“失重”的动作曲线最高点只产生垂直方向的加速

右图：为了在动作曲线最高点处抓点，攀岩者必须适时松手

在与岩壁平行的方向加速导致摆荡，攀岩者必须在到达目标岩点时停止摆荡

在斜面上无法实现远距离的蓄力准备

腰胯发力，骨盆最先加速

精准度

不恰当的攀岩起始状态会影响攀岩动作的精准度，会给攀岩运动带来负面效应。本书前文已经讨论过的“平衡”“身体绷紧”“动态动作”技术会给攀岩者在运动中带来正面效应。掌握这些技术是实现精准攀岩的核心条件。

“精准度”这一部分包含了许多内容与“轻抓”和“身体绷紧”有关，此处暂不对其他相关攀岩技术要领做讲解。

确定重心位置

确定重心位置的目的是顺利完成攀岩流程。它包含以下几个问题，这些问题跟准备阶段的准备质量直接相关，如即将发生的攀岩运动会用到哪些攀岩技术？每个最佳攀登动作的上升高度是多少？是要一次性完成某个攀岩动作还是采取省力的分步方式，即分解成一个个攀登小步骤？是要静态移动还是动态移动？

两只脚原则

在稳定初始发力位置时通常需要用到两只脚，这种方式被称作“两只脚原则”。我们应该把两只脚都运用到攀岩中。初学者常常忘掉一只脚，在抓点时总是让一只脚无用地悬在身后。如果存在可用的中间过渡脚点的话，那么就要避免大幅度动态踩点。小脚点在侧身动作技术中非常有用，因为确定重心位置是“从脚外侧到抓点手”的。在这种情况下，不合理的脚点位置会让攀岩者觉得很费劲。

步距

传统的攀岩规则主张小距离踩点。虽然这个规则通常情况下很适用，但是并不具有绝对性。当攀岩者的身体急剧绷紧且产生较大摩擦力时，大幅度跨越踩点会更合适。初学者常犯的错误——出现“单腿”情况。为了更近一步够到新脚点，攀岩者将不得不放弃原有脚点。通常情况下，攀岩者可以通过将第二只脚放在第一只脚的位置上（较高的脚点），或者放在其他合适的位置然后产生摩擦力去补救这

确定重心位置：侧身技术动作中的很多小步骤

种不利情况。即使这种补救措施不成功，也不会产生严重的问题。

因为在上高脚踩点时攀岩者需要借助双臂拉起身体，在这时，单腿情况是可以存在的。

上高脚

无论攀登的步数有多少，上高脚都具有重要意义。当攀岩者所踩的脚点较低时，将抓不到下一个岩点，因此必须调整准备动作。虽然攀岩者也可以完全伸展躯体去抓下一个岩点，但是会很难固定身体。另一种情形，攀岩者所踩的脚点过高，虽然这样容易去抓下一个岩点，但是需要很大的力量。一些攀岩动作在较高的脚点上往往不具有可行性。理想情况下应该选择“上高脚”技术。攀岩者可以很舒服地伸展身体去抓目标岩点，根据具体情况，攀岩者可以迅速绷紧身体或者暂时放松身体，以便在伸直手臂时重新确定重心位置。

利用小脚点

在通常的自然岩壁攀岩高度中，攀岩者完全看清所有的岩点需要仔细观察研究。尤其是室内攀岩者经常忽视自然岩壁的小岩点。几毫米的小岩点是很有用的。

如果没有合适的脚点，大脚点很有用

舒服地伸展身体，然后放松身体

做提腿动作并用下面的脚对岩壁反向施压

在朝向岩壁方向的仰角岩壁上攀登时要用力踩点

如果找不到合适的支点，可以在一个高脚点上尝试降低身体重心。在这种情况下，攀岩者的第二只脚应更往下方伸展，且尽可能地与上面的脚在一条垂线上。给下面这只脚一个朝向岩壁方向的压力，然后就会给双臂降低负荷。理想情况下攀岩者甚至可以解放双手休息。

降低重心

在攀登仰角路线或者屋檐型岩壁时，可以降低重心。当你爬出仰角岩壁再次进入垂直岩壁时，将身体重心压在高脚点上比把双脚放在仰角岩壁的下面要好得多。

而攀登仰角岩壁和屋檐型岩壁则是完全相反的情形。当你去攀登仰角岩壁或者屋檐型岩壁时，降低脚点位置非常重要。过高踩点会让岩壁显得更加陡峭难攀，此外高脚点还会增加所需要的牵引力，因为重心下移会增加手脚负荷。

轻踩

为了轻轻地移动一只脚，攀岩者必须处在稳定的状态中，或者站在一个稳定的位置。攀岩者必须做到随时都可以把那只脚在空中停住且保持不动。如果你有这个控制力的话，就可以稳稳地且高精准度地去踩下一个脚点。

在岩壁上轻踩时，脚应该一开始就放好，就如需要踩新脚点或者在攀岩整体过程中一样。事后的补救措施需要花费更多的力量且会导致在踩小脚点时不再那么可靠安全。从这个意义上说，前瞻性的踩点举措改善了攀岩流程并节省了攀岩者的体力。

动态移动脚法

动态移动脚法必须适应整体运动的协调性，在这种情况下精准性和“轻踩”依靠恰当的减负措施和准确的踩点动作来完成。即使在不太陡峭的地形上和小脚点中，动态移动脚法也很有用。并且，其所需要的摆动最好是通过腰胯发力产生。比如攀岩者要移动左脚，首先做轻微的腰胯蓄力准备，朝左侧晃动，然后沿着弧形运动轨道朝右晃动骨盆，最后把左脚放到腰胯晃动时动作曲线的最高点处。尽管扭转骨盆（骨盆左右晃动的动作曲线最高点）是动态动作，但是攀岩者仍然有相对较长的时间去踩住脚点。

轻抓

大多数攀岩者（尤其是男性）总是过于用力地抓点。“全力抓紧岩点”形象地描述了这种情况。这可能是因为攀岩者不太相信他们的双脚，害怕坠落或者犯了某些技术性错误。有时候即使攀岩者已经到达了稳定位置，也还是存在着这个问题。他们绝不会再想经历攀登失败或者承受攀登的紧张感。因为它与攀岩者的技术、经验和心理紧密相关，所以绝不能用孤立的眼光去看待“轻抓”。

轻抓动作不管是从外部还是从攀岩者本身都是可以察觉的，与此相反，“是否是最佳的轻抓技术”是很难从外部来判断的。攀岩者可以从以下方法练习轻抓动作，例如，通过适当的训练提高自己的敏感度，经常检测自己身体的绷紧程度，并在必要情况下缓解身体的绷紧程度。

轻踩：
脚跟踩实，下面的脚
保持垂直

动态移动脚法：
适当地减少身体
负荷及准确踩点

左图：观察脚点

中图：预测性踩点

右图：攀岩中的支
撑。如轻踩和轻抓

经典攀岩动作序列

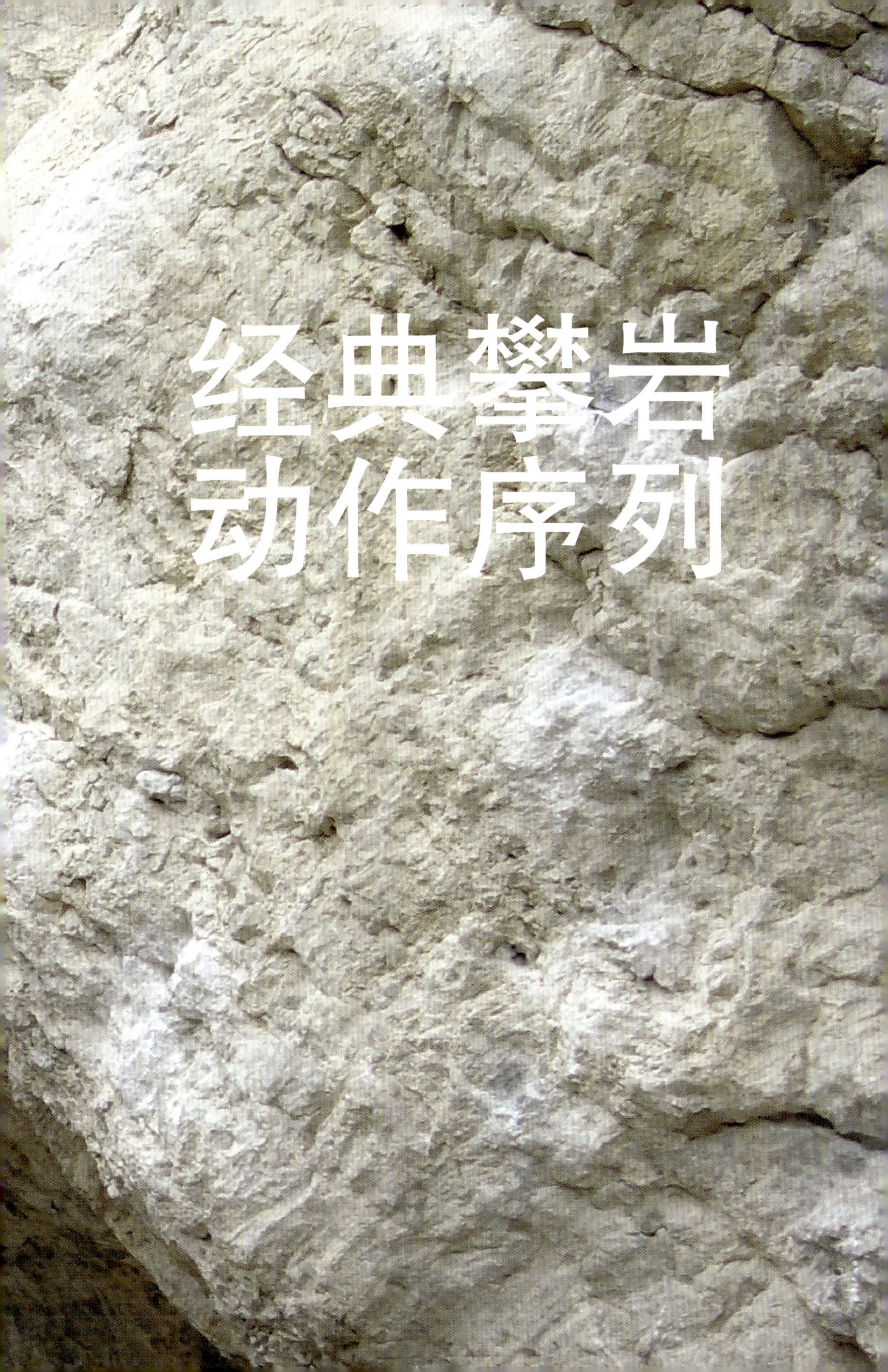

你可能会以为，攀岩中有无数种手和脚的配合方式，以及大量的攀岩技术。其实并非如此，而是有一定数量、清晰明确的攀岩动作序列，并且可以根据具体情况将它们进行调整。在直立岩壁攀岩时，标准化的攀岩运动原则上很适用，但根据技术需求，一些动作或许用不到或不带来显著的优势。

正身技术动作

正身指攀岩者面部和身体正面朝向岩壁。在角度小于90° 的岩壁上攀登时会更频繁地用到正身技术动作。在具有较大难度的下攀中也是如此。

摩擦技术

在正面光滑的岩壁上攀登会用到摩擦技术。攀岩者双脚踩在岩壁上，身体以正面姿势移动。在纯粹的摩擦攀登路线中没有正常的突出或凹陷的支点，攀岩者的手点就是岩壁表面或者攀岩者通过紧绷身体从而在看似不可能的情况下稳定站立。这种情况在攀岩中经常发生，其中也使用了反向施压技术。因为正角光滑岩壁上没有稳固的手点，所以攀岩者的重心主要停留在脚上。为了把重心从一只脚轻松地转换到另一只脚，攀岩者需要采取小步伐攀登。同理可知，较大的身体伸展会导致效率低下。由于攀岩者的脚在摆动加速过程中从前面向上部扫过，可能会导致滑落，所以攀岩者在给上面的脚传递负荷时要缓慢，双手保持平衡，并给岩壁轻轻施加压力。

单条裂缝攀登技术

单条裂缝攀登技术跟在光滑岩壁或者仰角岩壁上使用的技术都不同。使用此

光滑平台摩擦技术

技术需要大跨度踩点，或者说尽力伸展身体以提升每一步的攀登效率，为了从一个脚点到达另一个脚点，双手支撑这一方法非常有用，将重量最大程度地转移到作用力臂上，然后把脚朝手的方向牵引。第二只手停留在岩壁上，用以稳定身体。在趋近直角的岩壁上，攀岩者上面的手需要有一个具体的抓点或卡紧岩缝，以此完成攀岩流程。

支撑和伸展

虽然“支撑”和“伸展”都有它们各自所属的独立技术，但它们合在一起可以产生一个实用的移动序列。伸展技术可用于攀登烟囱型岩缝，在细缝和凹槽处找到有利的重心位置，通常重心在脚点的上方，更确切地说是在两个脚点之间。伸展技术也可以帮助攀岩者在上述地形中找到一个有利的休息位置。

支撑手点的高度和位置

在支撑时攀岩者通常把手掌放在岩壁的一侧，然后朝向岩壁方向施力。支撑手点最好与髋关节在同一高度，这样更容易让肩关节固定。如果具体情况需要，支撑手点可以选择得更高。

接着是移动同侧脚。比如，用左手支撑身体，左脚就可以移动寻找新脚点。在其他情况下也存在交叉支撑，即用右边胳膊支撑，移动左脚。

双臂支撑

在细缝中通常只能用一只手臂支撑身体，而其他一些情况，例如在烟囱型岩缝中攀登，攀岩者需要用两只手臂撑住身体的重量，同时脚开始移动到新脚点上。

动作序列：
伸展和支撑

上三幅图：在不太陡峭的岩壁上和在较宽的岩面上移动脚点时，使用支撑技术很有用

下三幅图：双臂支撑技术适合在烟囱型岩壁上使用。在细缝中也可以将该技术变通使用

平板型岩壁的支撑

除了在岩缝处，攀岩者在很宽阔的平板型岩壁上换脚时，也会利用四肢的伸展和支撑动作。在70°～80°的陡峭岩壁上，需要一个正常的手点和一个支撑点，就像在裂缝攀登中一样，支撑点在攀岩者即将移动的脚的那侧。

如果岩壁更陡峭，就需要考虑是否需要朝外侧旋转膝盖和脚尖，攀岩者也可以在踩点时把腰胯扭得贴近岩壁。请注意：此时攀岩者如果立起脚尖踩点，那对支撑点的重要感觉就会消失。

反肘支撑

反肘支撑技术不仅对攀登正角平板岩壁适用，对攀登直角岩壁也同样适用。选择一个正常的手点，把一只手臂贴在岩壁上，然后给它施加压力撑起身体。这个方法可以在缺少支撑岩点时使用。

令人惊讶的是，每位经验丰富的攀岩者都无数次地运用过这个技术，但只有极少数人清楚它的效果。

身体伸展角度

伸展动作可以跟支撑技术组合起来使用。在每个伸展角度里，攀岩者的脚都可以不费力地踩点。请注意，在没有重心转移的支撑和肘部支撑的情况下，移动也可以正常达成。

因为岩壁有一定的倾斜度，所以不用纵向的支撑力也能稳住身体姿态，这样在岩壁上横向移动的时候，脚点的变换是在不负重的情况下进行的。在有较大仰角的攀岩路线上，大的伸展位置对攀岩者身体的绷紧程度要求更高，此时如要拉肩抓点或反提抓点会十分困难。

除增加身体紧张度外，在大的伸展位置和朝上伸展的抓点手处经常会出现初学者常犯的错误——力量都放在手上。

攀登正角平板岩壁时，如果攀岩者只习惯使用侧身伸展动作，那么在更高难度的此类岩壁上必将遭受失败。

反肘支撑

蛙式

蛙式是一项省力的技术，适合在有很大的脚点移动距离时使用，并且攀岩者可以通过双腿的力量推动身体向上。在攀登突出的反向夹角岩壁和正角光滑岩壁时，我们推荐攀岩者优先使用蛙式技术。而在攀登垂直岩壁时，蛙式只适合髋部柔韧性好的攀岩者。在悬垂的仰角岩壁中，使用蛙式通常会适得其反。

攀岩者向上抬起一只脚，膝盖向外侧折叠。紧接着蹲坐在脚跟上，将身体重量转移到这只脚上并调整另一只脚的位置。在理想情况下，攀岩者可以找到另一个高度差不多的脚点。如有必要，在伸展双腿并推动身体向上之前可以抓握辅助手点协助脚部移动。

两个脚点的距离不要太远，应当尽可能地靠近人体重心垂线左右两侧。如果只有一个脚点，可以将另一只脚放在岩壁的另一侧，且不踩点。极端情况下，双脚在摩擦力的作用下甚至可以在突出的反向夹角区域将两侧岩壁夹住。

对角线技术

对角线技术是非常经典的正面攀岩技术。它符合人体本能的协调感，攀岩者可以将其自如地应用于垂直岩壁和相应的抓点、踩点过程中，因此通常不需要单独的培训。

如果脚点位置少，攀岩者需要处理远距离踩点的问题，此时使用哪种攀岩技术取决于手点位置。如果有良好的手点，攀岩者可以在短时间内将身体重心向远离岩壁的方向移动，直到一只脚放在较高脚点上，这时攀岩者的身体重心再次移回到岩壁上。

如果没有良好的手点，攀岩者必须利用摩擦力提升脚点，否则身体会从岩壁上滑落。这种情况的解决方案是使用“半蛙式”技术。不过攀岩者做单腿站起动作时可能

蛙式技术的动作顺序：高处踩点，身体重心转移，调整另一只脚的位置，身体向上

会遇到单腿力量不够的问题。总之，蛙式技术有助于攀岩者有更高的移动效率。

如果攀岩者不能把腰胯部紧贴在岩壁上，那么这种方法并不是很省力。此时，攀岩者可以通过将另一条腿的膝盖向内侧弯曲，来应对腰胯部柔韧性不足造成的重心远离岩壁的问题。

如果岩壁角度垂直，并且两个脚点都位于攀岩者抓点手垂直线旁边的同一侧，攀岩者则可能会出现“开门动作”。如果脚点与抓点手相对，攀岩者可以通过对角线技术找到正确位置，身体重量将被推至相对的脚点，并且攀岩者可以通过摩擦力将身体“拉向墙壁”。若攀岩者出现会造成轻微晃动的“开门动作”，绷紧身体可以控制这种晃动，但也容易疲劳。如果“开门动作”的扭矩增加，攀岩者应该将精力放在精确地控制脚点上，双脚有意识地“踩紧脚点”并主动“拉脚”。腰胯横向位移对于向上移动通常具有积极作用。

左图：对角线技术

右图：半蛙式，攀岩者位于高处的脚与握持手相对

腰胯横向位移对于向上移动具有积极作用，移动到一个好脚点可以很好地应对“开门动作”

拉肩

拉肩指攀岩者用右手抓握住向右前进需要施力的岩点或用左手抓握左侧岩点。该技术需要正身技术动作配合并绷紧身体——特别是在肩膀放平的位置。稳定好肩部，如果肩膀耸起则无法控制较大的目标点范围。

为了寻找身体重心位置，相对的脚应当在接近拉肩手的垂直线另一侧踩点，当拉肩手是左手时，右脚要持续向右寻找合理脚点并踩稳。

此时，攀岩者的另一只脚在拉肩手垂直线上踩点或摩擦。这只脚到达目标脚点后，攀岩者要立即发力做出下一个动作。请注意，第二只脚必须防止身体围绕由拉肩手和支撑脚形成的轴旋转。如上所述，选择的脚点离该轴距离越短则需要越大的力防止旋转。

侧拉技术

侧拉技术适用于攀登直立岩板，或在垂直受力手点和裂缝处使用。虽然有手点，但脚点并不理想，或手点无法向下受力时，这些情况下会使用侧拉技术。

攀岩者通过横向向体后移动身体重心以及卷起身体，可以找到合适的双脚施压方向。即使在正常的岩壁攀登，也可能会出现重复运用单个侧拉动作的情况。

在侧拉技术中，需要较大的水平分力。手臂的水平拉力与腿部的水平压力相反并且大小相同。这些力的分量相加就要求要有垂直方向的握持力。

拉肩动作：攀岩者的左脚踩在脚点上或压紧岩壁

侧拉动作需要相对较大的水平分力

因此，侧拉技术是一种相对费力的攀岩技术，但如果其他技术都不能发挥作用，攀岩者只能使用该技术。水平方向分力随着攀岩者身体重心向后横向位移的增加而增加。力的大小还取决于手部与脚部之间的距离。从前面所讲的内容可以得出结论：在较高的脚点处做重心转移会比在较低的脚点处更费力。

只要手部到脚部的距离与水平重心位移的比率是恒定的，那么支撑力就能保持不变

侧拉技术。攀岩者的重心离手脚支撑点位置越远，手与脚的距离越近，动作越困难

手臂的位置

一般情况下，攀岩者的手臂在做侧拉时会伸直或弯曲。虽然以前的攀岩教学书籍一直要求攀岩者要伸展手臂，但实践表明有时手臂弯曲效果更好。这是因为只要手部到脚部的距离与水平重心位移的比率是恒定的，那么支撑力就能保持不变。因此，手臂在拉伸时的发力可以与蹲伏姿势的力大小相同。

以下是使用侧拉技术的典型情况，在板状岩壁边缘，攀岩者用双手交替上升，可以快速向上攀登。如果向上攀登过于费力，岩板对侧的手须始终保持在上。这种运动过程很省力，但不能快速提升高度。在裂缝处使用侧拉技术时，在抓点阶段攀岩者可以倚靠在岩石侧面，由此产生的摩擦力可以减小前进所需的力量。

使用摩擦力

在摩擦力不大的条件下攀登时，比起直立，蹲伏更容易保持身体稳定。因此，在相同的摩擦力下，较高的脚点会更好。当然，如果存在脚点质量差异，攀岩者应该选择更利于稳定的脚点。

为了省力，攀岩者可能过度使用脚点摩擦力。越是如此，所需要的重心横向转移就会越少，从而更加省力。但是，如果过度使用摩擦力，则会导致滑落冲坠。因此，在省力和安全之间找到一个平衡点很重要。有时将不受力的脚放在主要受力的脚上方是有用的，如果下方的脚滑落，还有机会通过上方脚踩住摩擦点阻止冲坠。

动态

动态指攀岩者双脚离开岩壁时的身体动作。像一只猴子一样，攀岩者可以通过动态的方式从一个岩点到另一个岩点。该技术需要较高的身体动力，主要运用在仰角和屋檐型岩壁上。在这两个区域攀登时，动态可能是最好的攀岩方法，因为你无须浪费时间来换脚踩点，也能暂时降低腿部压力。

在垂直攀登中，动态仅可以在特殊情况下使用。一般来说，即使利用摩擦力不好的脚点进行攀登，也比一系列快节奏的引体向上更省力。

单手动态对上肢锁定力量要求很高。在抓点阶段，单臂必须能够承受整个身体的重量。双手动态也可以非常省力，通过向上来加速并抓握住动作曲线的最高点。动态中必须先将身体腾跃起来，在腾跃过程中使用脚部推动力并继续抓握住动作中动作曲线的最高点。

动量传递

双手动态可以是“动量传递”。人们快速且不间断地继续抓握新支点，使身体保持连续向上或横向运动。无论是在哪种情况下，都应该尽可能早地踩住脚点，或者钩住脚点——这样做可以节省体力。

单手动态可以作为上肢锁定力量的训练形式，双手动态可以改善动态移动的协调性。省力的攀岩技术和特殊训练形式通常是训练的两个不同的侧重点。

侧拉“双手交替”
可以迅速提升高度

单手动态要求攀岩
者具有强大的上肢
力量

基于随身摆动原则的
动态运动组合

后剪刀式技术

在前文中我们已经解释了“开门动作”。如果没有合适的对角线脚点，并且不能勾脚的话，攀岩者可以通过后剪刀式技术来应对“开门动作”。腿部交叉分为前方交叉和后方交叉。在某些情况下，攀岩者可以通过单次交叉的方式来避免两次换脚。

“后剪刀式”可以以左侧踩点，左边的横向抓点为例（见下方三幅图）来解释。攀岩者左脚拇指内侧用力，左膝略微弯曲，腰胯尽可能地贴近墙壁，右脚在左腿后方交叉并压在岩壁上。图中交叉脚仅利用摩擦力压紧岩壁，理想情况下右脚应当站在一个脚点上，这样对岩壁的压力以及稳定性都会增强。

在下方的三幅图片中，我们可以看到交叉手抓握动作，也就是说，右手越过左手去抓握左上方的抓点。在交叉手抓握动作中，采用后剪刀式技术的脚需要放在脚点上。否则，目标岩点难以稳定，因为单独靠在岩壁上的脚无法承受身体的重量。当然，在进行交叉手抓握动作时也可以使用“正常”的腿部位置。

同侧单脚技术

同侧单脚技术用处很大：即使在攀登陡峭的岩壁时，攀岩者使用理论上合理的踩点顺序也可能会遇到这样一种情况，即与抓点手同侧的脚在垂直线中踩住了不错的脚点，但另一只脚没有踩点。当单侧脚需要通过甩脚方式才能够到目标脚点，且没有更好的过渡点可以利用时，应当优先选择使用同侧单脚技术。例如，攀岩者向右运动，进而可以用右脚踩到目标点。然后左手继续抓握新手点。如果没有更好

通过后剪刀式技术应对“开门动作”

的脚点可以利用，则必须使用同侧单脚技术来避免换脚。

在使用这种技术时为了减少耗力，攀岩者可以将不踩点的自由腿交叉至踩点腿后方。其在另一侧的悬挂可更好地避免旋转，使目标岩点的抓握变得更容易。应该注意的是，重心的位置并没有显著变化——尽管人们经常搞错这一点。

有时也可以将自由腿交叉至前方，不过运动过程会有些复杂，并且需要同侧单脚和侧身技术。同其他侧身技术一样，攀岩者在接下来的抓点阶段可以使用相对较小的力量来稳定身体，并且可以控制更大的范围。

后方交叉背腿的同侧单脚动态过程

左面两幅图：随身摆动并随后同侧单腿运动

下面三幅图：同侧单腿技术。背腿交叉向前

侧身技术

同侧单脚技术是侧身技术的一个变体。虽然同侧单脚技术可以在正身和侧身时起到一定作用，但是“纯粹”的侧身技术在定位方面需要非常具体的方法。

侧身的基本方式

如果攀岩者的左手为抓点手，那么右脚一般需要在抓点手垂直线上另一侧选择位置踩点。左脚放在与踩点脚同样的高度。这个90° 的侧身动作实现了抓点手臂的伸直以及身体沿抓点手臂移动。

在岩壁上应当尽早将双脚踩在正确的脚点位置上。在人工岩壁或自然岩壁中

侧身技术的基本方式

上图：侧身技术侧视图。参照左侧最后一幅图完成侧身技术

都有可能出现连续的反向侧身动作。如果这时需要紧接着做出第二个反向侧身动作，则攀岩者在寻找身体位置时须进行180° 旋转。

腰胯部贴近墙壁，最好在抓点手的垂直线上（即攀岩者将腰胯部适当前倾），只有这样，才能有效激活髋关节。过于靠后的腰胯位置导致围绕身体纵轴的扭矩增加，并且在一些情况下，还会产生意料之外的“开门动作”离心力。

侧身技术适用于侧抓和反提，攀岩者运用侧身技术可以控制更大的范围。虽然垂直型岩壁中的远处目标点通常可以利用正身技术动作抓到，但是做起来更困难，在仰角上侧身技术的优势是无可替代的。

前剪刀式技术

如果想要完成一个标准的、最省力的侧身技术动作，与抓点手同侧的脚应当踩在合适的脚点上，当没有脚点时，建议使用前剪刀式（见下方三幅图）技术来应对“开门动作”。虽然这样做有时有点费力，但具有良好的稳定效果，并且抓握范围最大。

通常只需将交叉的脚贴紧墙就足够了，但理想情况下它应当踩在脚点上。与后交叉脚类似，在交叉手动作中，如有交叉的脚必须要踩点。攀岩者交叉手时双脚分得越开，稳定身体扭转所需的力就越小。

通过前剪刀式技术
应对“开门动作”

高负荷折膝

于异侧腿的手臂悬挂方式

“4字诀”可用于屋檐型仰角路线中稳定地悬垂抓点。使用它的先决条件是良好的手点和足够的手指力量。“4字诀”的运动过程与同侧单脚技术类似，但比同侧单脚技术更复杂。

利用与抓点手同侧脚的拇趾踩点，踩点必须相对较高且尽可能地靠近重心垂线。身体尽力离开岩壁，对侧自由腿越过握持手进行前交叉，膝盖后窝搭在肘部。移动重心并将部分体重“坐”在支撑臂上，此时可以腰部发力继续朝高处抓握。有时，膝盖也可以直接搭在前臂上。

可以通过“穿过”交叉脚的方式来用手臂悬挂住异侧腿（“4字诀”）。解开时，稳定抓握目标岩点，下方的手松开，同时放下脚。

折膝

“折膝”这个名字取自古埃及的壁画。壁画向人们展示了相似的身体姿态，也就是运动序列中的静止图像。

折膝时，攀岩者的两条腿分开踩两个点，两个脚点分别位于重心垂线两侧，折膝动作可以应对“开门动作”。当攀岩者的左手为主抓点手时，左脚位于抓点手的右侧，右脚朝着脚外侧方向进一步向右踩点。右膝向内旋转并且朝下踩住脚点（见第73页左图）。

此时要想保持稳定，有两种选择。攀岩者要么立即换脚，要么把脚放在正确的外侧脚点上，然后在脚点上旋转直到调整至正身踩点姿态。膝盖向下压，身体转90°。

“4字诀”，攀岩者将膝盖搭在肘部

此时如果攀岩者即将出现“开门动作”，建议将重心移向旋转轴，这可以减小扭矩。

折膝动作可用于加强攀岩者在难以抓紧的岩点处的稳定性。不同于应对“开门动作”，若脚点位于抓点手垂线的左侧，攀岩者应降低重心，身体靠近岩壁，我们称这种方式为“深压膝法”。它的优点在于，以脚为支撑点同时降低身体重心，由于脚部有力的支撑可以减小手部所需的力量，这使进一步移动成为可能，否则由于无法放开手点，而根本无法继续向前。缺点在于在仰角岩壁中使用的极端折膝，会给攀岩者带来一定的生理损伤。弯曲的后膝盖在扭转时容易被拉伤，这有可能导致半月板受损或膝部韧带受伤。

对侧单脚技术

需要使用单脚技术时意味着在准备阶段岩壁与攀岩者可能只有两个接触点。在使用对侧单脚技术时，这两个接触点分别是抓点手和与之相对的脚。对侧单脚技术通常与侧身攀岩技术相结合。

请注意，对侧单脚与侧身这是两种不同的运动模式。侧身攀岩时通常会将双脚放在固定位置上，而单脚技术则可以在同一侧进行。单脚技术是省力的，因为它不需要在纵向轴线稳定扭转效应。这项技术旨在避免攀岩者仅将体重完全放到抓点手上，而且攀岩者也会从中学习到，当只有一只脚与岩壁接触，其他部位悬空时应该怎么做。单脚技术使攀岩者认识到“三点攀岩技术”可以被打破。

深压膝。从正面面对岩壁姿势开始

垂直的岩点——踩点平面。使用单脚技术时，重心位于此平面内

使用单脚技术时的平衡

使用单脚技术需要攀岩者准确感知并判断平衡位置，即在哪个位置可以继续移动而不会来回晃动。这里的诀窍是，移动重心使重心垂线位于两个接触点水平线的正下方（见左图）。

许多攀岩者缺乏垂直平衡感，但他们又不想让由重心引起的旋转力影响到自己，因此会用双臂紧紧地抓住支点，这样做不仅耗力而且效果有限。

利用重心垂线

为了让身体稳定下来，必须有意识地移动身体位置。当使用对侧单脚技术时，与抓点手相对应的脚利用脚尖外侧踩点。在垂直岩壁上，攀岩者应准确地将脚踩在抓点手的垂线下。仰角角度越大，越容易感受到平衡的脚点位置，这既由目标岩点的方向决定，也由起始手点和脚点的可能受力方向决定。

在完全悬垂的水平屋檐型岩壁上，脚点位置的选择完全取决于上面提到的因素。

一旦找到正确的脚点，攀岩者随即转动身体，移动重心，这样就可以放开辅助抓点手，身体也不会来回摇晃。攀岩者的主抓点手仍然位于起始手点，背部放松，以合理的方式继续攀登（见第24页，直壁攀岩的合理攀登方式）。

背腿

背腿动作可用于静态或动态攀岩中。在静态攀岩中，必要时攀岩者可横向摆动自由腿，部分重心被这种偏移带动，从而在相反方向上有更大的可触及范围。动态移动也可以通过自由腿的摆动来辅助完成。

对侧单脚技术。横向背腿扩大了相反方向的可触及范围

其他技术

在本部分内容中，描述了不适用于基础攀岩的“侧身”或“正身”技术。其中一些技术属于高山攀登的范畴。

下攀

根据地形和难度，攀岩者可以决定是“反身下攀”（背部朝向岩壁）、“侧身下攀”还是“正身下攀”（胸部朝向岩壁）。技术的选择取决于地形难度和攀岩者的心理偏好。在反身下攀中，高度和暴露感会尤其强烈。只有确定无恐高症的人才能够使用这种技术。

反身下攀

攀岩者反身下攀时可看到整体的攀登路线。前进的路线、岩点和每一步都是可见的。攀岩者从站立姿态开始，蹲下来用双手抓住较低的支撑岩点，然后探脚踩住。一个好方法是攀岩者的上半身向前弯曲，这样做一方面能更牢固地抓握，另一方面可以更好地看清选择的脚点。在岩缝或沟渠中，通常可以通过两侧对撑来提高稳定性。

侧身下攀

跟反身下攀一样，攀岩者侧身下攀也可以拥有良好的视野。用靠近岩壁方向的手臂选择一个高度在头和腰之间的岩点。靠近下方的手臂在空中或抓住岩点，脚踩得更远，并横向踩点。如果站稳了，靠近岩壁方向的手臂可以再次继续下移重复这一系列的动作。撑住岩点和抓握岩点都可以完成侧身下攀技术动作。由于靠近下方的手臂通常处于未受力状态，因此需要攀岩者有良好的平衡感。

反身下攀

正身下攀

正身下攀是在攀岩者胸部朝向岩壁的情况下进行的，其动作顺序基本与攀岩时对角线技术相反。根据具体情况，攀岩者双手紧握岩点，双脚交替向下踩点。也可以先放低双手后抓点，然后双脚向下移动。通常必须提前看到目标脚点，因为攀岩者无法清楚地观察下方脚点，所以我们通常采取弓形姿态，即伸展手臂并将上身前弓以便观察。

也可以在有难度的路线中使用正身下攀技术。攀岩者向下攀爬，直到可以安全回到地面为止，或者向下爬到一个保护点处。攀岩者最好已经充分了解岩壁上的

侧身下攀

正身下攀

岩点，特别是脚点，当在下攀过程中视野状态不佳时，这会非常有帮助。

岩缝支撑

这里所有的支撑技术一方面依靠背部，另一方面依靠脚、手或膝盖的力量与摩擦作用。

在中型缝隙中，可以使用“同侧支撑”技术。攀岩者侧身进入岩缝，脚踩在前壁，手在后壁上向上推动支撑身体。当双脚踩在前壁的不同高度上时，向上运动的感觉会更加可靠。

同侧支撑

变化支撑

在略窄的缝隙中，攀岩者一只脚踩在后壁上以推动身体，另一只脚踩在前壁更高的位置上。这时，既可以将双手放在后壁上，也可以单手支撑前壁，从而稳定踩点或推高身体位置，这种移动方式被称为“变化支撑”。

膝盖支撑

在更窄的缝隙中，压力摩擦主要通过膝盖带来，攀岩者的脚在摩擦时“立”在背面的岩壁上，并和手、肩部或上臂一起与岩壁之间产生压力摩擦。这项技术非常费力——身体运动效率很低，并通过重复（左右交替）向上推动肩部和臀部的方式进行。

岩缝技术

在岩缝中攀登适合使用卡紧技术。我们可以区分手指、手和拳头适用的裂缝，肩部和身体适用的宽缝。向外开口的、肩部或身体可进入的缝隙被称为大裂隙。各类涨手技术已经在前文描述过。在垂直岩缝中，通常使用交替手上升的方式，而在侧拉岩缝中则多使用单手在上的方式。

不应该忽视的是，涨手技术在常见的运动攀岩中会反复使用。如果攀岩者掌握了该技巧，会发现很容易就能找到可以运用这个技术的地方，甚至发现自己可以控制住使用其他技术无法控制的难点。在

在“窄烟囱”型岩壁中用膝盖支撑

砂岩或其他较松软的裂缝中攀登，通常可以使用涨手技术，但是不适合放置其他保护性装备。攀岩时要保护岩缝（“环境友好型”攀登），攀岩者应该掌握涨手技术，需注意最佳涨手位置通常也是最佳的岩塞放置位置。

已经卡在岩缝中的身体部位不可滑动。在粗糙的岩石中，滑蹭会擦伤身体部位，甚至出现意外坠落。当攀岩者的脚还停留在岩缝中身体却滑出去时，脚踝受伤是不可避免的。如果攀岩者担心手会疼痛，可以用胶带或特殊的手套保护手指和手背。

脚法

当遇到宽度与手指相似的岩缝时，可以将脚卡进岩缝或单独踩点。宽度和手相似的岩缝通常也可以为脚提供有用的涨脚点，因此在这些地方即使没有额外的脚点也可以攀登。在宽度与拳头相似的岩缝中，既可以通过旋转腿部提升卡紧效果，也可以通过脚尖与脚跟形成横向的涨脚。

双手联合涨手

最令人感到不舒适的是岩缝太宽无法使用拳头涨手，而对于膝盖来说又太窄，这时候需要双手联合涨手——卡紧后可以移动双脚。在新的位置，双脚必须稳定地

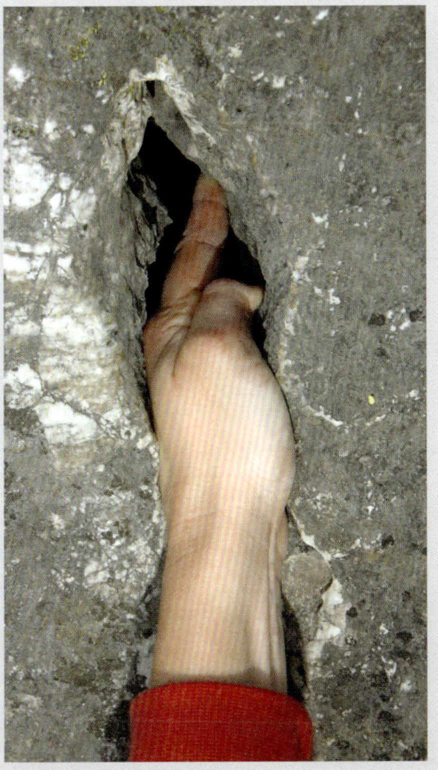

左图：涨手也可以用于运动攀岩

右图：侧拉方向难以放置保护用塞子

卡紧或站稳，因为接下来我们需要解开涨手。双手联合涨手时，攀岩者一只手掌紧靠岩壁一侧，另一只手反向放置在第一只手掌根部，拱起手背卡紧。如果岩缝的宽度可以供攀岩者插入一条腿并将膝盖弯曲，这时膝盖的夹紧效果会非常好，可以不依靠双手受力。此时如果岩缝的宽度适合拳头涨手并允许使用膝盖，攀岩者的脚尽可能从外侧进入岩缝或将其卡紧到位来支撑后面的运动。

宽度与肩部相似的裂缝

在宽度与肩部相似的裂缝中，攀岩者可以使用肩部侧身攀登。通常必须在开始时决定哪侧肩膀进入岩缝，否则之后再想换肩将十分困难。内侧大幅度地曲紧手臂，并将手掌与上臂卡紧。当裂缝比较窄时，攀岩者的手臂弯曲成直角，前臂朝上，通过手臂旋转运动产生卡紧效果。外侧手抓住裂缝边缘向肩膀方向拉或用臀部支撑，扭转脚部卡紧裂缝。

宽度与身体相似的裂缝

在宽度与身体相似的裂缝里，攀岩者的内侧肘最大程度地弯曲，前臂完全向外旋转，充分发挥手掌和上臂产生的夹紧作用。掌握这种技巧的攀岩者通常可以在看似不可能的位置休息。臀部主要处于裂缝中——难点在于提升高度。外侧手臂支撑裂缝边缘有助于稳定，有时在外侧也需要将手掌与上臂卡紧。在某些情况下，双脚可以联合卡紧，而此时需要在窄缝中使用的膝关节技术前文已经加以说明。

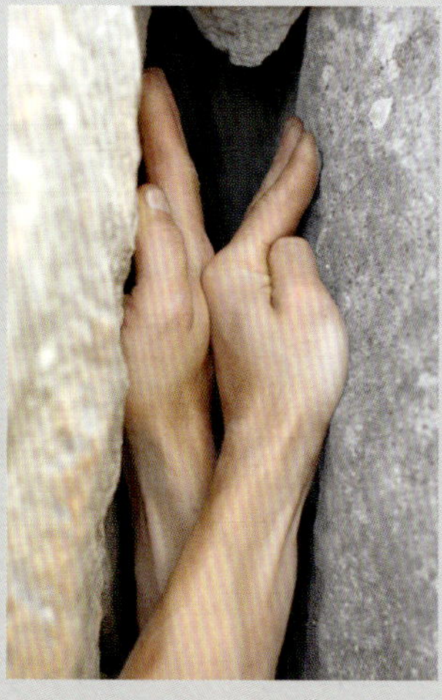

双手联合涨手

左图：在宽度与肩部相似的裂缝中。手肘向上倾斜90°

右图．在宽度与身体相似的裂缝中。用前臂与上臂支撑夹紧

左图：用脚卡紧稳定

右图：外侧手在裂缝卡住

撑起

撑起动作与挂脚密切相关。攀石通常包含水平方向的运动，脚部蹬踏发力是运动的核心要素。攀石的完成往往是翻上巨石，攀岩者在上半身已经超过岩石顶部，不再有上方手点抓握时使用撑起技术。进阶的翻上平台技术也需要使用撑起技术。撑起技术分为“挂脚撑起”和“手撑起”，如下面的解释所示，它们没有明确的运动顺序，攀岩者可以根据地形和身体能力选择。

如果翻上上方的平台非常容易，攀岩者可以直接站上去，那么当攀岩者完全站立起来时，攀石就完成了。而在较难的路线中可能需要独臂支撑，这是最难的撑起动作类型——如果不能稳定，在无岩点抓握时攀岩者将不可避免地落下。

支撑点处的攀登难度还取决于平台下方的岩壁角度和脚点的分布情况。

挂脚撑起

需要使用挂脚撑起技术的典型情况是，在整体光滑的岩壁上分布有阶梯状平台，或是在屋檐型岩石边缘区域有类似于大支点阶梯的凸出物。攀岩者将一侧脚跟挂紧平台，与挂脚的对侧手共同支撑身体，然后腰胯部带动身体重心推向挂脚一侧。如有必要，可将另一只脚踩住刚才挂脚的脚点处协助推动重心转移。下方踩住辅助支撑点时应该注意不要过度地提升重心位置，这非常重要。

如果挂脚一侧的手臂此时也在弯曲支撑，攀岩者可以将上臂与挂脚大腿压在一起可以更好地稳定身体。使用这个技巧可以降低另一只手臂的负荷。如果重心移动后两只手臂都处于半支撑状态，可以进一步伸展并形成支撑翻上姿态。根据岩壁角度，攀岩者应该将没有挂住的脚主动压在墙上以防止身体翻倒。

攀岩者如果想站起来，需将腰胯尽可能靠近墙壁并将重心推到挂住的脚上，双手协助推动重心。有时甚至可能需要单腿站起，这对半月板的压力较大。

手撑起

如果只有一个可供抓握的岩点或攀岩者处在一个宽阔的平台之下，则需要在没有挂脚的情况下使用手撑起技术——双手抓住岩壁边缘最高处岩点，在没有可供使用的脚点的情况下，引体翻上可能会有所帮助。

引体的力量用于将双手变为支撑状态。如果不能双手同时支撑，必须保证一只手变成支撑姿态。要做到这一点，攀岩者应最大限度地逆时针转动手掌并使用拇指向外的姿态支撑。这种技术需要高度的肩部柔韧性。

攀岩者撑起第一只手的前臂后，应该继续推动身体向上运动。如有必要，还可以将第二只手臂也改为支撑状态。如果上面的平台很窄，那么将一只手或双手向外旋转180° 可能会有所帮助。攀岩者的肘部不再位于身体前方，而是在身体两侧，甚至比身体略微靠后，这样更容易稳定身体避免翻落。

用挂脚持续支撑

挂脚转换为正常的
脚尖踩点

手撑起

流畅顺滑的动态移动

这里仅涉及短距离的动态抓点，不需要向上提身体。一些情况下，如果攀岩者不使用此动态方式，可能就会造成身体横向摆荡，因为此时只靠一只手臂无法抓牢岩点。如果攀岩者想使移动过程变得经济省力时也会使用这一方法。在适当的重心横向移动后，攀岩者身体会加速向岩壁一侧运动，而不会像正常的动态移动一样，向上运动。

头部引导发力

在大多数情况下，流畅顺滑的动态移动通过腰胯部发力就已经足够了，但另一些情况需要借助头部引导发力来带动身体重心移动。在头部引导发力时，攀岩者的腰胯部一开始应保持在靠近岩壁的位置，从弓形姿态开始，先由头部然后是肩部带动发力。

“三脚猫”动态技术

为防止出现“开门动作”需要同侧发力抓点时，可以使用“三脚猫”动态技术。

使用流畅顺滑的动态移动是为了避免出现“开门动作”，并不是为了提升高度

攀岩者主抓点手对侧的不踩点腿来回摆动，身体的其余部分在准备阶段保持静止状态。从物理角度来看，腿部的加速产生了重心向上的趋势。在实际操作中初学者需要多次尝试背腿，练习很长时间，直到心里感到时机成熟。

有时，“开门动作”只能通过流畅顺滑的动态移动来避免。此时攀岩者无法移动双脚，一旦移动就会坠落，或者没有近距离可以抓握的岩点。在此情况下，使用静态方法都无效。流畅顺滑的动态移动非常适合作为训练动态攀岩的基础项目来练习。

摆动发力、跳跃动态移动和连续动态移动

摆动发力是一个曲线形的加速轨迹，它主要用于在陡峭岩壁和屋檐型岩壁上的反握和远端拉力。与普通动态移动相比，摆动发力理论上是可逆的，并且在返回时可以稳定抓握。

跳跃动态移动与其他动态移动的不同之处在于，攀岩者双脚脱离脚点。在流畅顺滑的动态移动中，攀岩者仅一只脚离开脚点，然而这在跳跃动态移动中是绝不可能的。跳跃有时可以从地面进行，如果攀岩者没有明确目标岩点，可以先通过“尝试性跳跃”来感受一下该技术。之后，才能利用更好的手型抓握支点。因为真正的跳跃动态移动只有一次机会，所以当攀岩者从攀登位置跳起之前，预先了解目标岩点很重要。这个动作需要通过腰胯部爆发式发力。注意，抓点后很难保持身体稳定，岩壁角度越大，抓点后的摆荡就越厉害。

在抓握阶段，动态背腿可以稳定躯干

在流畅顺滑的动态移动过程中，伴随着一定量的向上加速

动态摆动攀登，要注意曲线形的加速轨迹

在连续动态移动时，攀岩者双手两次抓握的时间间隔很短。稳定状态只在最后一个目标岩点处才能实现，抓点手也不再发挥引导作用。在垂直岩壁上，攀岩者的跳跃方向是垂直向上的或朝向目标岩点方向。双脚向后摆动，同时控制左右摇摆。连续动态移动是一项高难度的协调运动。

休息

肌肉的高度紧张会导致血管充盈，没有新鲜的氧气时，肌肉只能借助它的能量储备进行无氧收缩，最终会造成手臂酸胀。关于在哪种负载量下需要休息的问题，取决于每位攀岩者的最大耐力和局部忍耐力。

在身体负荷较少的情况下，攀岩者可以通过较好地休息，得到最大程度的恢复。但是，在身体负荷较大的时候，很难找到适合停留的歇息位置。在不佳位置休息时间过长反而会导致疲惫，但如果休息时间过短，可能会在下一次移动的时候缺乏力量。

在休息点要尽可能地放松单只手臂，可以先放松或甩动手臂，并在合理的时间换另一只休息！还可以向上伸手臂来放松，以便聚集的静脉血更好地回流。

在放松手臂时，攀岩者也要将身体姿态调整稳定。理想情况下，攀岩者甚至可以放开双手。有一系列寻找身体位置的方式，都可实现放开双手休息的目的。

放开双手休息的策略

- 四肢叉开。
- 岩缝支撑。
- 背部倚靠（例如在石灰岩钟乳石柱上）。
- 依靠头、肩或腰胯部支撑。
- 坐式（例如在大的岩洞处）。
- 垂直岩壁的脚跟挂点。
- 提脚动作。
- 涨脚。
- 膝部卡点。
- 膝部卡在裂缝处。

值得一提的是膝部卡点技术。许多攀岩者不知道利用膝部卡点，或者不能有效地运用这一技术。该技术需要较大的脚点和与之相对、距离合适的突出结构，较大的脚点（如一个大洞）与突出结构可以是一体的，也可以是相互独立的，它们既可以上下垂直分布也可以呈对角线分布。

如果不是垂直攀登，那么卡腿就需要卡紧。如下页图（膝部卡点）所示，攀岩者在需要休息时将腿部向结构外侧拉动旋转——右腿要在踩点时向右，在踩凹陷处时向左卡住。为了达到卡点位置，攀岩者要踩稳脚点，最大程度地弯曲踝关节，并使膝盖或者靠近膝盖的大腿部位尽可能地达到符合人体工程学的反压位置。然后，伸展踝关节，卡住支点结构。对于另外一只脚，攀岩者需要一个在膝部卡点的垂线上的脚点，这个点的高度应满足腿部伸直站立的休息姿态。

膝部卡点和脚部卡点（涨脚）不仅适合休息，在某些情况下还可以极大地帮助攀岩者抓握新岩点。

连续动态移动：
朝向目标岩点加速。
（接第51页上方二幅图片）

左图：两个岩点间的脚部勾踩结合

中图：在岩壁垂直边缘，用脚跟勾住

右图：脚跟勾脚

膝部卡点：
下方的腿伸直，
脚点在与卡点
处垂直的位置

冲坠：
攀岩者跳得离岩壁越远，撞击岩壁就越猛烈

冲坠

在传统攀岩中，一个基本原则是保持可以下攀、伴有安全备份的攀登状态。当一位运动攀岩者想要挑战能力极限时，将不可避免地面对冲坠的难题。运动攀岩者并不认为冲坠是意外，而是一种技术。如果你没有掌握它，在冲坠事故中受伤的风险会很大。

练习冲坠和保护

冲坠在很大程度上涉及攀岩者和保护者之间的信任度。“同伴能否接住我？”这种信任只能在实际练习或频繁的真实冲坠过程中建立。

练习内容应当符合训练者的能力，并循序渐进地进行。德国登山协会为此制订了一个训练计划，从针对初学者的练习开始，包括各种训练等级。但请注意，此类训练仍然具有一定程度的潜在风险，所以最好安排第三人进行副保护，手里也控制着制动绳。

模拟冲坠

模拟冲坠指攀岩者处在低于或等于顶点高度的位置。与真实的冲坠相比，模拟冲坠中的碰撞明显减少，错误的冲坠姿势也不会导致攀岩者严重受伤。模拟冲坠训练的目的在于攀岩者能够放手、熟悉快速下降状态并且体验在保护时制动力的提升。这项训练同样适合初学者，训练完成后会得到德国登山协会的室内攀岩证书。

模拟冲坠不需要进行困难地攀登。就是在8~10 m高的人工岩壁上，用顶绳悬挂攀岩者，在这种情况下，所有快挂要挂在岩壁上并扣入绳索。人工岩壁必须是垂直的，且没有较大的突起物。

模拟冲坠的要素

- 攀岩者悬挂在顶点下方一定高度的顶绳上。
- 攀岩者向上爬了一定距离，保护者不再收绳索。
- 攀岩者放手冲坠，预先了解坠落距离是其心理能够承受的。因此，他可以轻松地松开双手或者按照“摸墙-坠落”的模式进行。拉高身体，双手同时触碰岩壁，并在此时可预测地坠落。
- 冲坠点不得高于顶点（不能越过这个点继续攀登！）。
- 顶绳攀登中的给绳应在攀岩者冲坠前被控制（由教练或后方副保护者控制）。

注意，绳索用指尖控制。如果教练或后方保护者握绳子太紧，在冲坠时可能会烧伤手部。

模拟冲坠可以从小的冲坠开始。重要的是，每次都要确认好悬挂位置，如果保护者只根据自己的意愿制动绳索，制动开始点不明确，两名练习者可能会发生碰撞，甚至坠落到地面。

安全训练

安全训练适用于国际登山协会规定的难度等级四级及以上的攀岩中。目标是练习者学会正确的冲坠姿势和合理的缓冲软保护方法。练习内容也包含在德国登山协会更新的攀岩证书中。练习者应该把绳索挂在一个8~10 m高、可靠的中继保护站上，较高的顶点会让练习者与同伴的交流变得更加困难，并且每次在更换练习者时会花费更长的时间才能重新回到冲坠模拟点。而过低的高度会增加练习者坠落到地面的风险。

建议设置有备份保护的顶点保护站。因为相同长度的快挂并不会起到备份保护的作用，所以在承重处的平行位置再挂一把较长的快挂。挂片环倾斜的程度不同，主锁被磨损的程度也不同。在顶点保护的下方必须悬挂快挂扣入绳索，如果有必要，可以不使用最低的挂片，以便保护者能有更多的移动空间。尤其对于室外攀岩练习者来说，要使用头盔。

一般来说，推荐用半自锁保护器来进行保护。当攀岩者和保护者的重量差大于10 kg时，体重重的保护者如果想要利用动态设备进行缓冲软保护，也可以使用管式保护器。当重量差约大于15 kg时，体重轻的保护者可以借助“沙袋配重”或“下方自我保护”来辅助保护。

德国登山协会的教学书中介绍了如何进行缓冲软保护和需要的合适装备。关于同伴间重量关系和保护技术的相关内容也可以在《德国登山协会攀岩全攻略 自然岩壁》中找到，这些技术都是训练的基础，仅一次冲坠训练也好过没有，但是过少的训练，通常不能充分发挥效果。

开展安全训练

- 训练过程和模拟冲坠时一样。
- 最高坠落点的设置。
- 攀岩者要注意正确的冲坠姿势和冲坠距离。
- 保护者要练习较柔和的缓冲软保护方法。

可替代的方式

- 攀岩者固定在顶点的保护站或者稍微靠下的位置。
- 保护者给出冲坠用绳并且在完成后及时告知攀岩者。
- 保护者与攀岩者事先商量预留给绳的长度，并达成一致。
- 攀岩者松开双手并冲坠。

训练内容

根据上述内容，攀岩者可以很好地进行一系列的训练，并且不会有太大的风险。保护者的位置不能距离第一把快挂太远，尤其是在靠近地面的区域时，保护者要离岩壁1 m，横向偏离1 m。

保护者轻微弯曲膝盖，在地面上以一条腿在前的姿势站立等待攀岩者冲坠。这个姿势便于随时采取行动，保护者要保护自己不会向前碰撞岩壁并且能够适当地进行缓冲软保护。如果没有做到这几点，保护者可能随着受力方向不受控地移动，甚至主动放松绳子。一般来说，保护者站得离岩壁越近，缓冲作用发挥得越好。

为了训练运动技能，有一个不依靠绳索的初步练习。练习者以一条腿在前的姿势站立，他的同伴通过向上猛拉练习者的保护环来模拟冲坠受力。

冲坠训练

冲坠训练在国际登山协会规定的难度等级六级及以上的攀岩中才有实际意义。因为在仰角较小的自然岩壁上较少发生冲坠事件。也就是说，从以上难度的路线中，才有位于中继保护站上方的坠落练习。在冲坠轨迹和冲坠距离相同的情况下，攀岩者在中继保护站上坠落后与岩壁的碰撞会比从快挂高度坠落更为严重。如果攀岩者没有做到缓冲软保护或坠落方式错误，无论是在练习过程中还是真实的冲坠事件中都会受伤。因此，在冲坠训练之前要先进行安全训练，借此可以提高顺利完成的可能性。

实际中的冲坠

必须区分受控制和不受控制的冲坠。由岩点破碎引发的冲坠大多数是不受控制的。例如，岩点在侧拉时破碎，攀岩者必然会从岩壁上坠落，随后还会碰撞岩壁（下图展示了坠落宽度）。此外，坠落的攀岩者还可能发生翻转或旋转，最终难以保持头部向上的姿态。除了岩点破

左图：向下的坠落宽度。不同坠落宽度下相同的旋转力

右图：相同的坠落宽度下不同的旋转力

碎带来的冲坠以外，攀岩者从手点和脚点上滑落引发的冲坠通常也是不受控制的。攀岩前，也要预测可控制的冲坠，包括冲坠技术和其他前提条件。在遇到不熟悉的路线时，每次都应在攀登之前和同伴交流可能的冲坠位置。

冲坠的前提条件

- 路线安全可靠。
- 地形适合冲坠（平缓的岩壁、自由坠落轨迹、足够的冲坠高度）。
- 保护要专注细心，掌握保护技术。
- 攀岩者掌握冲坠技术。

在正确冲坠中最危险的瞬间是攀岩者碰撞岩壁。为了避免受伤，必须尽可能降低撞击力度。越靠近墙面下落，撞击的力度越小，在冲坠时可以用脚控制碰撞。总而言之，不需要过多地向后跳，只要跳不会碰撞到岩壁的距离即可（规划安全距离）。

冲坠姿势

攀岩者向前弯曲躯干，稍微打开双腿，微微弯曲膝关节和髋关节。全身肌肉，尤其是腹肌和髋关节屈肌都是收紧的。

冲坠时可以把手臂向上伸（见右图），到制动力起作用时放下，这可以减少冲击力（发挥制动力的最大值）。

主动脱落

攀岩者可以进行可控地主动脱落，因为在空中攀岩者无法改变坠落轨迹和旋转力，如果冲坠是可控的，那么通常碰撞也是可控的。

在短距离冲坠时，攀岩者会向斜后下方倾斜。这意味着，在冲坠快要结束时，攀岩者身体会向上回弹一点，并且可以用脚控制碰撞，即卸力。但是，在长距离冲坠中，由于旋转力的原因，攀岩者不会或只会出现很少的向斜后方倾斜的身体姿态。

冲坠时，攀岩者的双手可以抓在绳索的绳结区域，但是不能习惯于这样的做法。因为这种做法伴有双手被绳子缠绕的风险。与抓握自己的绳子相比，抓握对面的、朝向下方同伴的绳子更危险，这可能导致手部烧伤或拉伤。

横向冲坠

特别值得一提的是横向冲坠。人们通常觉得这种情况不危险，因为一般只会

冲坠姿势。膝关节和髋关节弯曲，躯干肌肉收紧

坠落一小段距离。但事实上这非常危险，无论是沿着岩壁的擦伤，还是为防止擦伤向后方跳跃，产生摆荡冲坠都很危险，后者还会导致严重的、不可控的碰撞。想要对摆荡冲坠进行可控的动态卸力并不容易，攀岩者最好朝最后一个中继保护站的方向跳跃，这样可以减小摆荡幅度。

正角光滑岩壁上的冲坠

在正角光滑岩壁上，攀岩者如果失去了手点控制力，还可以通过脚部摩擦力尽可能久地保持在攀登位置双脚向下滑动坠落。但是，当在不能维持稳定的位置时，攀岩者可能会选择转身以便向下冲来避免冲坠。注意，几米之后下落的速度就已经快超出这项技术的控制范围了！

策略性的安全概念

在介绍了关于冲坠技术的内容和应对策略后，还须介绍一些策略性的安全概念，就是要尽可能地了解自己可以在哪里冲坠，不可以在哪里冲坠。

冲坠安全区域

沃尔夫冈·古利奇提出冲坠安全区域这一概念，冲坠安全区域指冲坠过程中不危险的区域。特别是在保护点少的路线，使用这一原则创建覆盖整条路线的策略和技术性的安全概念至关重要。例如，在关键位置下方有一个可靠的保护点，它对5 m的攀登路线有效。因此，冲坠安全区域位于保护点上方5 m处，再过2 m后，有一个良好的新休息点和一个新的保护点。因此，在这2 m内必须安全地攀登。在这个过程中，必须能够随时下攀到原先的冲坠安全区域。因为，只有这样才能安全地冲坠。

冲坠安全区域不是绝对的，而是因攀岩者个人的能力、心理极限而异的。如果发生冲坠的可能性较大，就应当预先在策略规划的框架下预估风险。

右图：沃尔夫冈·古利奇（于1992年逝世）——一个攀岩运动永恒的传奇

下图：策略性的安全概念

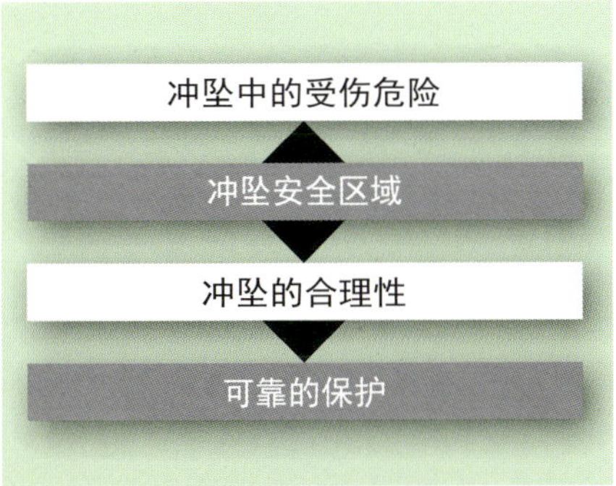

策略

攀岩策略

在传统攀岩中，策略主要为了保证攀岩安全；在运动攀岩中，策略主要是为了取得更好的成绩。攀岩者如果想要采取策略，必须了解自己的攀岩目标。只有在确定目标后，才能考虑并实施各项策略。运动成绩往往与攀岩者所采取的策略息息相关。

攀岩目标

- 以最小的风险在（高山）路线上行走。
- 攀登难度最大的路线或者攀石。
- 以最佳方式攀登一段路线（看攀）。
- 用尽可能少的尝试次数完攀一段路线。
- 在一条路线或一块攀石上训练各类攀岩技术。
- 在最短时间内攀登一段路线（速度攀岩）。
- 赢得比赛或在能力范围内提高成绩。

对于经验不足的攀岩者来说，策略往往是一个不容易理解的概念。即使攀岩者明白“为提高成绩而按计划行动”，但是这种策略不具体。只有当攀岩者熟悉了攀岩的类别和不同形式，并能够将概念实际运用时，攀岩策略才具有指导意义。

热身阶段

基础热身
活动和伸展
针对性热身活动
大强度肌肉锻炼

攀岩策略对重视成绩的或参赛的攀岩者来说具有重要意义。无论目标如何，进行适当的热身也是策略的一部分。

热身和放松

热身可以提高身体机能，并减少因过度运动造成伤害的风险。若攀岩者长期参与运动攀岩活动时，热身就扮演着极为重要的角色。热身包含本页左下图中展示的阶段。

自然岩壁攀岩者经常在接近岩壁时进行基础热身。如果接近岩壁的路程较短，应快速行进，关键是要让身体内部也有热起来的感觉。如果接近岩壁的路程很短，那么应当做一些能够使身体产生热量的额外热身活动。

因为热身带来的效果一般会在30~60分钟内消失，所以在做保护者的时候，应当穿得暖和一些。在身体感到寒冷时，必须进行新一轮的热身。

热身时，可以自由地活动身体，并加入拉伸练习，重点是活动臀部、肩部和手指。在接近岩壁时应充分活动手指，可以通过揉捏软橡胶球实现，或者可以手握拳然后弹开，将该动作重复上百次。

可以通过他人帮助或自己伸展来进行拉伸，从而达到激活身体的目的。将每一阶段的拉伸时间降到5秒，如果拉伸阶段时间过长，会降低肌肉张力，不利于热身。无论你是热身、拉伸还是两者兼顾，使用何种方法是个人偏好。

攀登简单的路线和进行简单的攀石是效果好的、有针对性的热身动作。在攀登过程中肌肉紧张度会增加。如果没有简单的路线或攀石路线，也可以在难度大的路线上热身。首先，先攀登简单的部分，然后借助抓快挂等辅助方式攀登困难区域。当然，热身攀登阶段不允许出现脚踩快挂或抓握挂片等危险动作。

为了准备好攀登最费力的难点区域，在热身结束时，攀岩者可以根据身体情况，先攀登到一处需要内部小肌肉群协调的位置，这可以改善肌肉协作能力。许多攀岩者在提升耐力的时候会采取相同的方式，在热身计划中加入一个与指力拉起相关的练习。热身会激活你的身体，使身体处于合适的状态。注意！“合适”可能有着不同的含义，例如攀石对力量的需求高，所以你要提前进行提升小肌肉群协调性的伸展练习，而攀登岩点较小的岩壁时则需要精准的脚上动作。还要补充的是，攀岩时要做好心理准备。如果只是做到了最佳热身，但是心理上对眼前的路线“毫无兴趣”，攀岩者仍然无法发挥出最佳水平。

放松

在高难度的攀岩或训练课程结束后，如何放松也是一个策略性问题。放松时要遵循“松弛、伸展、放松”的要领，使身体迅速恢复。放松时，攀岩者可以通过有氧运动恢复正常的心率、血压和呼吸节律。攀岩后缓解疲劳和肌肉紧张是非常重要的。

为了加速乳酸水平的下降，可以在放松前的几分钟使血液循环速率保持在等于或者低于有氧运动阈值的水平。例如，快速攀登一到两条简单的路线，或进行舒适随意的跑动都有利于放松。也可以在经过一天的艰苦训练或艰难的红点攀岩后，去攀登一条简单的路线，用轻松、自信、流畅的动作奖励自己。

与热身相反，在放松期间可以融入拉伸动作。然而，此时不应调动在之前的训练中大量使用的肌肉部位。

揉捏软橡胶球活动手指

在难度大的路线上热身。先略过较难的位置

攀岩风格与类型

20世纪70年代，在自由攀岩的基础上又发展出了多种攀岩形式。库尔特·艾伯特第一次提出在不用保护绳的情况下完成攀岩线路。比如，没有冲坠，也没有利用绳索或快挂进行途中休息。艾伯特在他成功的路线上用红点标记。因此，他成了红点攀岩的创始人。

红点攀岩、复攀及看攀，这些重要的攀岩类型在后面会详细介绍。以下只是大概总结。

红圈攀岩是红点攀岩的变化形式。攀岩者在发生冲坠后，将绳索留在快挂中，再次尝试从地面上或最后一个双手控制住的位置继续向上攀登。在红圈攀岩中，攀岩者需要攀登到路线顶点，但是红圈攀岩的运动价值备受争议。和红点攀岩类似的有预先挂绳攀登，即事先挂好攀岩绳，面临坠落危险时、准备攀登困难区域时，或者岩壁上缺少有用的岩点时，使用预先挂绳这种技术非常有效，但预先挂绳会改变很大一部分路线的攀登方式。

顶绳攀登，即攀岩者利用已经穿过顶环的绳索进行保护攀登。通常这种方式的攀登成绩不被承认，但是在某些区域的攀岩路线上，出于安全的考虑，只能采取顶绳攀登的形式。无保护攀岩是高风险的攀岩方式，需要提前练习。

与无保护攀岩相反，顶绳攀登可以在没有伙伴的情况下，进行安全保护。无论是哪种攀岩风格与类型，由于界限模糊，所以重复细节都是有意义的。例如，攀登过程中是否应该保留或放置楔状岩塞或机械岩塞；是否有预先扣入绳索的快挂；研究这条路线需要花费多少时间？

左图：库尔特·艾伯特攀登弗兰肯汝拉山脉

右图：红圈攀登，已预先挂绳

竞赛

无论是国际攀岩竞赛（如世界杯、大师赛），还是德国国家级的攀岩比赛（如德国锦标赛、德国运动攀岩杯、全国锦标赛），都是攀岩活动的重要组成部分。此外，还出现了越来越多的地区性比赛和“趣味比赛”。

攀岩竞赛中所使用的策略主要取决于竞赛规则。竞赛规则也会定期作一些变动，这里只对竞赛中的一些重要方面做简要概述。

先锋攀登

大多数比赛都采用看攀的模式。比赛中，既不允许参赛者过多研究路线，也不允许彼此观看攀岩过程，所以参赛者要一直待在隔离区，直到他们开始比赛。但是在正式开始比赛前，允许参赛者短暂地观察路线。

在尝试攀登路线时，参赛者必须按照正确顺序挂入所有快挂。除此之外，参赛者必须处于“规定高度之下的位置”，即参赛者不能爬越尚未扣入绳索的快挂。一旦参赛者所处位置是违规的，裁判必须立即终止参赛者继续攀岩。

德国锦标赛

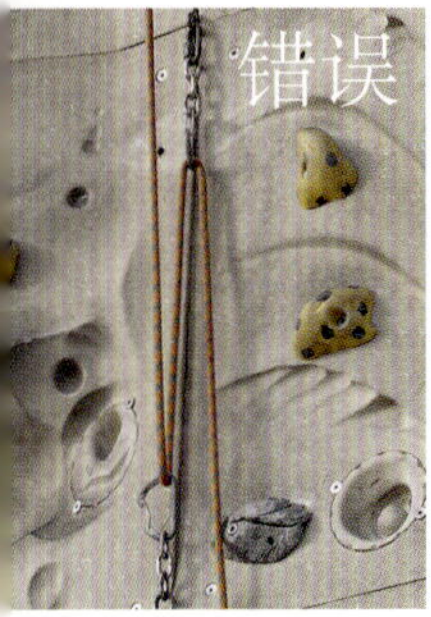

当绳索位于最后一把快挂的下方且攀岩者继续向上挂绳时，就会出现“之”字形绳索

如果挂绳顺序错误，即出现“之”字形，允许参赛者解开前一把主锁，并将其重新正确挂回。比赛最后，参赛者必须在所在高度之下的所有快挂上正确扣入绳索。如果非运动员造成技术故障，并导致攀岩成绩不公平，我们称此事件为技术性事故。

技术性事故的例子

- 破损或松动的支点。
- 出现路线之外并不需要扣入的快挂。
- 保护时出现绳索阻力，阻碍或有利于参赛者比赛。

裁判要提前对所有岩点标号。标号可以按由下到上的顺序记录，也可以按攀登顺序。在较大的手点处可以标注多个数字，攀岩者在此得到的分数不是攀岩高度，而是计算岩点的综合分值。

攀石

攀石比赛由4~6条路线组成。每条路线平均有4~12个支点，且每条路线都有规定的攀登起始位置。

当参赛者抓到一个特殊的，带有明显标记的支点时，可以获得奖励积分。如果参赛者成功完攀了一条路线，也会得到奖励积分。成功完攀的意思是，参赛者要用双手稳定地控制住顶部支点。

6分钟时间观察攀登路线。允许使用望远镜

用黑色胶带标示出岩壁上不允许使用的区域

攀石比赛的评分标准

1. 完成的路线数量。

2. 为完成上述路线而采取的尝试次数。

3. 所获得分点的数量。

4. 为获取上述得分点采取的尝试次数。

速度

根据国际攀岩联合会（IFSC）的原则，攀岩速度赛在高度、倾斜度和支点安装符合统一标准的岩壁上进行。因为所有的标准速度赛道上支点形状、角度和位置一致，所以此比赛可以像其他运动项目一样计时。

技术性事故：攀岩者不清楚在攀岩路线上应挂哪把快挂

裁判员要记录下所有成功完攀的时间。决赛阶段采用两人一组淘汰赛的方式。八分之一决赛的淘汰结果（第9~16名）和四分之一决赛的淘汰结果（第5~8名）由最终完攀所用时间决定。

季军争夺赛和决赛结果按下表进行统计，并在冠军决赛阶段将整场比赛推向高潮。

对失败或犯规的攀登行为同样进行记录。每一回合结束后，按下表中的四项标准打分。

名次	分数	到达的顶点数量	为到达顶点所采取的尝试动作的数量	得分点数量	为获取得分点所采取的尝试动作的数量
1	17	4	7	4	4
2	14	4	10	4	4
3	13	3	4	4	4
4	18	3	7	4	7
5	15	3	8	4	5
6	12	3	9	4	5
7	11	1	3	3	10
8	16	0		2	4

在攀石比赛中，攀登结束之后按四项评分标准对选手进行打分、排名

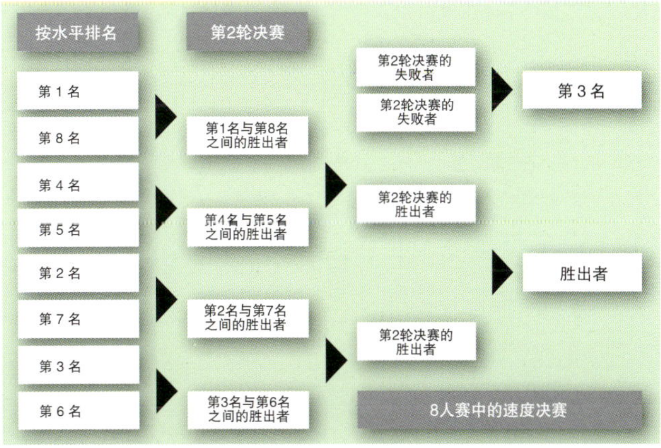

8人参赛时的速度赛决赛阶段赛程

红点攀登

“红点攀登”指无冲坠就成功完成攀登的一段绳距。红点指在这段路线上已经进行过失败的尝试。极端情况下，攀岩者要反复尝试每个难点动作，直到每个动作都在控制范围内——就像花样滑冰运动员的自选动作一样。在这一攀登方式中，可能达到每个人不同的最大难度极限。

先前，将快挂挂入挂片中也是红点攀登的一种形式。如今，“红点攀登”也允许攀岩者利用已放置好的快挂进行攀登。在很多人工岩壁路线上和比赛中，经常会看到这种攀登方式。在人工岩壁上，原则上讲不应存在事先固定的快挂，但每次攀登后都拆除这些快挂是很费力的。因此，利用已放置的快挂进行红点攀登尝试也很常见。

快挂间距

在人工岩壁上，快挂间距往往是统一的，但在自然岩壁上不是。必要情况下，攀岩者可以通过较长的或是延长型快挂解决快挂间距过大的问题。仅将延长型快挂挂入一个挂片，则下一把快挂间距会增加。如果每个挂片都使用延长型快挂，则不会改变路线实际的挂片距离，但为了路线的完整性，顶点处不允许使用延长型快挂。

攀岩者无论挂入何种长度的快挂，都会改变路线的安全特征。通过延长扁带和双绳攀登也可以提升安全性，并且在很多难度较高的路线上（如砂岩）会大大降低难度。如果进行双绳攀登，那么攀岩者实际上可以被认为是在攀登另一条不一样的路线。

还要补充的是，双绳攀登很适合想

左图：红点攀登主要通过利用已放置好的快挂实现

右图：自然岩壁上的快挂长度不一致

要熟悉先锋攀登的初学者。

一般来说，红点攀登是以岩壁的顶点为终点。但一些顶点设置得很不合理，攀岩者必须跳过这些顶点，才能完成攀岩路线。顶点应该作为一段攀岩路线的结束点，而不是其中的一个关键节点。

红点攀登成绩的比较

原则上，红点攀登中，攀岩者先前在这条路线上进行了多长时间的训练并不重要。但如果一定要比较，较少的尝试次数代表更好的成绩。需要注意的是，这些记录的处理方式不同。一些攀岩者只计算其中为攀登而做的尝试次数，忽略之前对难点的反复尝试次数。比如经过五天的难点尝试之后，“第一次尝试红点攀登就成功了”。其他人则会将每次的难点尝试看作是路线尝试。那么在上述例子中，若每天进行三次难点尝试，会将同样的攀登行为看成“在第十五次尝试时完成了红点攀登”。

攀石试攀策略

尽可能减少力量消耗，是攀石最重要的方面。攀岩者越熟悉动作步骤，就能越早地开始真正的尝试。攀石中，“省力”指尽快找到个人的最优方案，这也意味着，攀岩者要熟知所有方案，从而保证在下面的攀登中正确使用适合自己的方案。为此，攀岩者需要有“运动记忆”，即将熟练掌握的、曾经完成过的动作步骤正确且流畅地复制的能力。

攀石中，攀岩者应避免手臂酸胀，否则手臂会需要很长的恢复时间，且从训练效果的角度看，这并不理想。因此，在较难的路段上，攀岩者应当将其划分成几

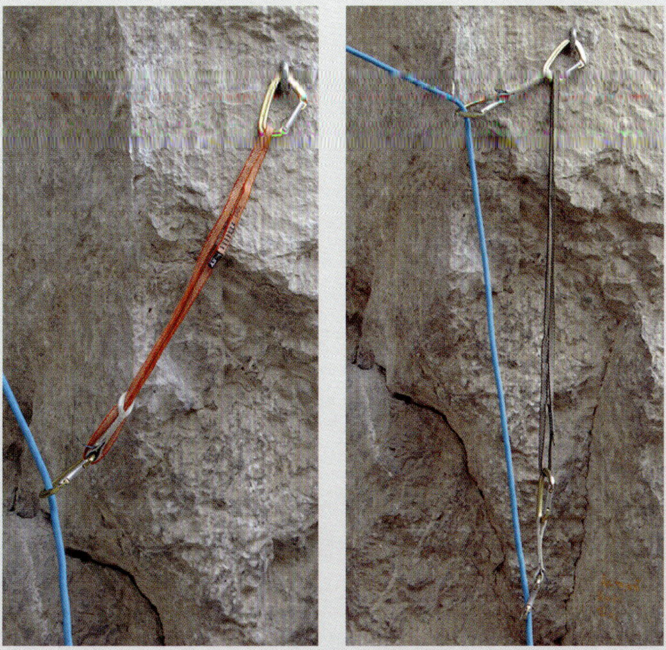

延长悬挂在保护点上的扁带的长度不会改变攀岩路线上的安全特征，而多点挂绳则会使安全特征发生改变

段路线，每段只需10~30秒的负荷时间。在较容易的路线上，分段路线可以划分得更长一些，但要避免过度使用肌肉。在每次的动作尝试之间，攀岩者应休息2~3分钟。

先锋攀登、顶绳攀登、全局性认识

顶绳攀登会大大降低一段路线的难度。快挂间距较长时，尤其在挂片上方较难的位置进行先锋攀登时，会非常费力。在攀登保护措施完善的仰角岩壁和屋檐型岩壁时，若进行顶绳攀登会使攀岩者坠落后摆荡远离岩壁，且很难重回攀登位置，因此先锋攀登前要对较难的路线提前有全局性的认识，否则攀岩者可能在费力攀登了半小时后才发现，有的移动设想完全无法实现。与所谓的全局性认识相反，攀岩者并不是完全按顺序自下向上攀登。做好热身之前，攀岩者可以在较难的位置先利用快挂对难点区域进行攀登尝试，并细致研究这些位置。如果已完成热身，则应专注于攀登关键难点位置。这样做有助于攀岩者更快地完成高难度线路。

多次尝试的问题——疲劳

在挂片处休息，可能导致攀岩者破坏休息点前后两段路线的攀登衔接，很可能攀岩者在尝试“红点”时才发现，中间少一步移动，这可以通过休息后下降一定距离再开始攀登来解决。

在攀石中经常出现一种情况，即第一次尝试就顺利攀过了一段路线，攀岩者就会认为该路线很简单，无须过多注意。但正式攀登时，攀岩者无法进行先前的攀登动作。特别是如果抱有“只是微不足道的小问题”的想法，就会导致很大

仰角岩壁上适合先锋攀登。此时顶绳攀登，攀岩者会远离岩壁

的问题。

有经验的攀岩者可以正确地估算后面攀登的力量消耗。如果攀岩者在一开始的直壁较难位置处用尽全力，那么在接下来的仰角上移动时就不能尽全力。因此，要提前意识到攀登时的疲劳问题，计划好在这种消耗后可采取的移动方式。

在难点尝试和尝试完攀之间至少应有20分钟的休息时间。对个人来讲，若攀登的是难度很大的路线，可能需要休息一整天直至第二天甚至第三天才能成功完攀。在更难的路线上，就是所谓的长期项目中，可能要在数周、数月甚至数年后才能成功完攀。此时，攀岩者可以将路线划分为长度递增的几小段，并将完成一小段的攀登作为阶段性目标。

路线图

如果攀岩者未完成计划路线，且距离下一次攀登尝试有一定的时间间隔，那么应画出路线图来记录一些攀登顺序。

正确方法：攀岩者在纸上画出重要的岩壁结构和快挂点，然后画出岩点。最好画出能使攀岩者快速识别的一些岩点。左手抓握的岩点用“L”标记，右手用“R”标记。

为了确定攀登顺序，攀岩者应当将单独的移动和挂绳按顺序标号。重要的脚点可以用“LF”和“RF”（左脚和右脚）以及逗号后数字（例如：6,1 RF）标记，将这些脚点写进整个攀登序列中。另外，还可以用箭头标出受力方向，并标上说明文字。路线图应展示整条攀岩路线或其中的重要路线。

左边两幅图：通过休息后下降一定距离再开始攀登来解决两段路线的衔接问题

下图：路线图，将攀登移动和挂绳（图中较长的8代表快挂）按顺序标号。可供对照

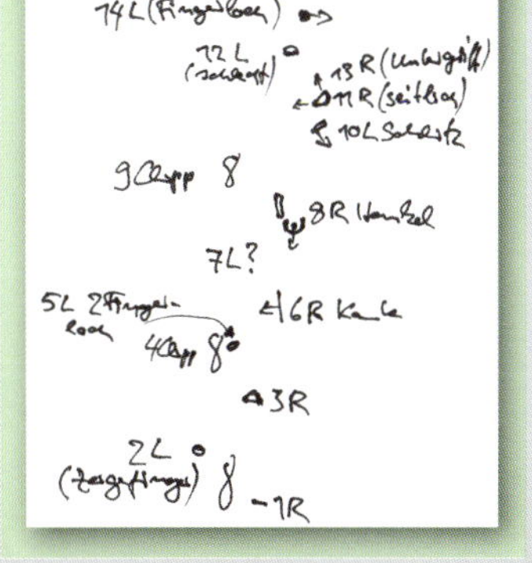

清理岩点

复攀

复攀是红点攀登的升级形式。攀岩者可以提前了解关于这一路线的所有信息，也可以看其他攀岩者在此路线上的攀登过程，还可以在此路线上进行绳降观察以及清理岩点（刷去岩点上的镁粉），但是不能用手抓握岩点。这与真正的尝试难点有区别。

一些攀岩爱好者很少能复攀，他们一般会作为保护者看同伴如何攀登，接着会直接开始攀登，而没有了解和利用有价值的信息。与此不同，很多优秀的攀岩者都会在红点附近仔细观察，加强对岩壁的了解。

复攀策略

攀岩者在复攀中最关键的任务是，要将所看到的和所听到的方法正确应用在第一次试攀中。在观察陌生的攀岩者攀登时，一般只能借鉴其攀登顺序。如果是观察同伴攀登，则可以获得更多的经验，比如可以知道哪些位置有难度和如何进行动作衔接。当然，在同伴攀登过程中，同伴会选择自己理想的攀登方式，所以只有在体型和攀登风格相近的情况下，另一个人才可以直接借鉴同伴的动作。在体型或攀登风格不同的情况下，必须寻找代替方法。最好在保护同伴下降时，就考虑好这些，并且同伴都应在下降过程中帮助复攀者清理岩点。

观看同伴攀登后的复攀

如果对同伴攀登这段路线进行了看攀，则情况会有所不同。第一，这时的观察并不能帮助看攀者找到最好的攀登方法。第二，仅通过看攀很难真正地了解在哪些位置移动有难度——至少同伴利落地按照“虽然难但是可以完成”的想法完成了攀登。第三，在这段路线上只有一次演示。此时，可以忽略同伴的演示，并按照“别人能做到的，我也能做到”的理念，进行一次“伪看攀”。

在这种情况下，应积极利用复攀的机会，可以在同伴下降时，请同伴再次在较难的位置进行演示或检查，看是否存在更简单的攀登方法。

复攀者可以询问，如何抓握某一岩点和需要用多大的力气（比如要用最大力气的百分之几）。也可以请同伴清理路线，并在必要时对关键抓点或踩点进行“标记”（用镁粉做标记）。如前文所讲，如果和同伴的体型或攀岩方式不同时，复攀者应考虑采取不同的方法。

复攀事故

根据复攀者的观察，同伴攀登这段路线非常顺利且技术上没有问题。由此，他得出结论：这段路线很简单。但在实际攀登过程中，复攀者发现这些移动比想象中的难。这种差别会使复攀者怀疑，自己是否正确利用了岩点。因此，复攀者会犹豫，并导致尝试失败。当然，相应的沟通和正确的认识可以避免这种情况。

看攀

最理想的攀登：攀岩者只能从地面查看路线。攀登时，攀岩者不观察别人的攀岩过程，也不得接收任何路线信息。第一次尝试就取得成功。

比赛时，攀岩者的观察时间有限，而且不能回到地面。在自然岩壁上攀岩没有这方面的规则，例如攀岩者开始攀岩，部分快挂扣入绳索，然后下攀。在第二次攀岩开始时，扣入更高处的快挂，再次停止攀岩。五次这样的来回后，攀岩者甚至可以把绳索挂入很接近顶环的快挂，然后第二天再回来。又或者拉下绳索，在一周后将绳索挂在顶点处。但这种方式在大多数地区都不被承认是看攀成功。

看攀策略

出发前，攀岩者可以收集攀岩路线的有关信息，制订可行的攀岩计划。

攀岩馆有楼梯或阳台，攀岩者能从不同角度仔细地全面地观察攀岩路线。自然岩壁中，周遭的岩石上或树上都可以成为很好的观察平台。在实际攀岩中总会出现不可预见的问题，攀岩计划往往不会面面俱到，通常在攀岩过程中会补充或改变攀岩计划。

有关看攀的问题

- 休息点在哪里？分布在攀岩路线中的哪一部分？
- 关键难点在哪里？路线难点体现在什么方面？攀登速度如何分布？
- 哪里需要或可以放置移动保护装置？
- 哪里允许冲坠？哪里不适合冲坠？
- 哪种攀岩鞋合适？
- 高难度路线中的运动顺序如何？

自然岩壁攀岩路线的其他问题

- 需要多少把快挂？
- 是否必须安装移动保护装置（楔状岩塞或机械岩塞）？需要什么型号的保护装置？
- 绳索走向是否“成直线”？哪里需要使用延长型快挂？

大部分提到的问题可以轻松回答，有些问题只能保留或无法回答。清楚地指出计划的局限性和不确定性，是十分有用的。

看攀。做好准备，积极尝试

下文的内容涉及攀岩的准备工作。攀岩前，攀岩者要适当热身，准备好装备。如何选择攀岩鞋非常重要。攀岩者应预估风险，并决定是否戴头盔攀岩。为了方便使用，可以将必要的保护装置挂在装备环上。与同伴讨论其安全位置问题和到达第一个挂片前是否需要做攀石保护。同伴之间要相互检查，这样可以提升双方的安全感。

如前文所述，攀岩者要规划好人工岩壁攀岩路线的运动顺序。如果知道岩点的位置，就能够清楚地规划出来，在每条攀岩路线上采取什么顺序，使用哪种技巧。但是，在自然岩壁攀岩中这只适用于近地面区域。最差的情况是当攀岩路线没被标记时，攀岩者不能预测岩点的数量和最有利的岩点。还有一种情况是攀岩者无法从地面上看到部分的攀岩路线。因此，攀岩者不得不在攀登过程中制订完备的运动计划。

通常，人们会在不知不觉中进行这种规划或相应地调整运动顺序。而难度高的攀岩区域会让我们突然停止攀岩，此时人的动作规划能力失效。

攀岩速度

通常，攀岩者在难度小的攀岩路线上可以快速地攀登。攀岩者往往忽略休息点的存在，快速且乐观地向上攀登。遇到困难后，攀岩者的动作会变得迟缓。如果攀岩位置难以通过，那么攀登的过程会停滞不前。

即使解决方案十分清晰且正确，还是会经常出现停滞不前的情况。攀岩者甚至不敢相信移动会如此困难，以至于开始怀疑解决方案是否正确，并尝试寻找另一种解决方案。总体来说，会产生“攀岩路线越难，攀岩速度越慢”的模式。实际上，

看攀。观察哪个抓点是正确的

攀岩者应该采取完全相反的策略！在难度大的攀岩路线中，随着时间的流逝，肌肉高度紧张，动脉血液难以供应到前臂，按照这种情况发展，这次攀岩活动就到此结束了。因此，此时的攀岩模式是“攀岩路线越难，攀岩速度越快”。

攀岩者会在休息点处，没有运动负荷和时间限制的情况下，制订快速攀登若干米的攀岩计划。从休息点出发，进入下一个难度大的攀岩路线，挂绳，抓握使用所有可能的岩点，并到达下一个休息点。当攀岩者没来得及事先了解整体攀岩路线时，这种策略对利用岩壁上所有值得利用的支点特别有用。

攀岩时的规划

如果攀岩路线中没有休息点，攀岩者必须在攀岩过程中制订或调整运动速率、节奏计划。单步攀登越费力，攀岩速度应越快。这种情况下，重要的是攀岩者不应顽固地坚持错误的计划。攀岩高手能随机应变，迅速地找到备用的、易于成功的方案并立即实施。

激进的心理可能诱使攀岩者不事先制订计划，一味地向上攀登，这会增加陷入死胡同的风险。尽管下攀或换手可以避免坠落，但也会失去体力。

如果攀岩路线无法预先观察且没有休息点，攀岩者必须在运动过程中制订计划。前提是，攀岩者熟练掌握并灵活应用所有攀登运动模式，拥有快速找到解决方案的能力并将其应用于未知路线的攀登中。“无计划”攀岩可以训练这些能力。

挂绳并回到休息点

攀石

20世纪90年代以来，攀石运动备受欢迎。大部分攀岩馆有攀石区，还有许多专门的攀石馆。在人工岩壁上设置的攀石区有专门的规则约束攀岩者，并用柔软的攀石垫保护攀岩者。但实际上，攀石垫的安全性较低。

在许多攀石区，几条难度相似的攀石路线组合成攀石区域。各条攀石路线用特定颜色标记。通往下一个区域的路标用小箭头标出或在攀岩导引书中能看到。

攀石垫和地面保护者保护攀岩者

攀石的规定

野外攀石路线通常规定动作或区域。人工岩壁中，攀石路线是用特定颜色标记的。自然岩壁中，是用颜色标记点贴到可用岩点上。需要注意较低的起步位置或规定的起步姿态。此时，攀岩者的臀部作为身体最低部分离开地面视为一次动作。攀石运动的特征是手脚同点。攀石的结束点可能位于巨石的顶部、难点的末端或规定的目标岩点。

攀石垫、攀石保护、深水攀石

攀石中，安全至关重要，接近地面处的保护值得注意。正因为接近地面看起来似乎对攀岩者无害，所以会诱导其做出鲁莽的攀石行为。事实上，有绳索保护的10 m坠落通常不如从2 m高处落下的不受控制的滚落危险。因此，应该在撞击区域合理放置攀石垫。此外，应该考虑每条路线和动态跳跃高度。近年来，开始流行所谓的“高攀石”（高度很高的攀石运动）。尽管有攀石垫保护，也存在相当大的风险。

地面保护者在保护攀岩者时，需要积极应对攀岩者的跳跃或跌落，让攀岩者平稳着地。因为在难度较大的攀石路线中，攀岩者容易发生不受控的撞击，攀石保护可以提供很好的安全保障。通常，攀岩者坠落后不能双脚落于地面。

攀石垫和在规定的低位置处起步

人们在深水攀石中会跳入或落入水中。攀岩者可以在路线顶端跳入水，也可以从顶部走回低高度区域。这种运动有时会在超过15 m高的岩壁上进行，所以必须确保水域没有浅滩。基本原则：应从较低的高度进行跳水训练。攀岩者从15 m高的巨石上跳入水中，即使在看似很“软”的水面上也会受到不可控的剧烈撞击，并带来严重的伤害。

攀石策略

攀石策略与攀岩环境紧密相关。如果可以近距离看到手点和脚点的情况，看攀和复攀并无区别。与绳攀相比，攀岩者在看攀和复攀中能更准确地估计岩壁质量和活动范围。

糟糕的是，如果攀石路线只有寥寥几个可利用的脚点，攀岩者的身体要高度紧张。基本上来说，绳攀的一些策略同样适用于攀石，有些策略会失效，还有些策略需要更正。清理岩点时，需要长柄刷子；观察路线时，有时会用到梯子。

常见的攀石路线很有趣，可以极大地激发攀岩者对动作的创造灵感。适当的负荷时间和休息时间更易于成功。攀石运动所需的精确度可以作为最佳的技术培训内容。

攀石比赛

攀石比赛中，参赛者会在给定的时间内攀登数条攀石路线。在开放的比赛模式下，参赛者会考虑路线攀登的顺序问题。理想情况下，先热身攀登难度较小的路线，然后攀登难度较大的路线，最后攀登难度适中的路线。攀石的顺序与观察的时机、攀哪条路线和攀登的时长都与策略制订有关。第一次攀登失败后，参赛者应考虑第二次尝试同一路线还是尝试在其他路线上得分。

深水攀石。马洛卡岛的拱门线路

速度

虽然速度攀岩在俄罗斯有悠久的历史，但是在德国不太受人们的青睐。通过成功的市场营销，大岩壁路线速度攀岩明星托马斯和亚历山大 · 胡贝尔才让这种运动方式激发了大众更多的兴趣。在各地的赛事中速度赛有不可替代的地位。

技术提示

有一些技术提示可以有效地提高攀岩者的攀岩速度。在速度攀岩时，脚的理想状态是踩住支点在身体下方连续发力，其他时候则是处于摩擦状态。攀岩者要避免过度拉伸身体或是远距离地移动——更好的方式是近距离高频率地移动。

很少出现连续动态的动作，一侧的重心转动也几乎不会发生。涉及身体的垂直运动时，理想的状态是使身体尽可能地保持持续上行，这就需要攀岩者有较强的体力和卓越的身体协调能力。有经验的攀岩者很少为了从一个好的支点出发进行跨越式的前进而中断攀登的节奏。在竞赛中速度就是目的，但在自然岩壁上人们可以怀疑它的意义。这种争论早已有之，不过应该承认在困难路段匀速地攀登是有帮助的。一个人该以何种速度展开已经熟练的一连串动作，毫无疑问，即以最快的速度完成。没有接受过快速攀岩训练的人不仅不能改进攀岩方式，还会随着时间的推移，移动变得越来越慢。

左图：在一面配有标准速度赛道的岩壁上开展的速度竞赛

右图：跳向计时器终点

多段路线

多段路线策略包括攀岩旅行计划的制订和实施。一般来说，它的基本目标无疑是向上爬再向下降到地面。这个目标以严格的时间控制为前提。此外，在高山运动攀岩中，单段的自由攀登或整条路线的自由攀登是一个重要的目标。

团队

制订计划时，除了考虑前期准备事项外，还要考虑到同伴的能力、状态以及心理承受力。同伴的能力必须能适应路线状况。如果团队中的某个人身体虚弱，就会给团队带来安全危机。对于被提出过高要求的攀岩者来说，这次攀岩经历并不美好，而是一场折磨。

目的是否明确或者准备是否充分取决于计划的制订。在大岩壁攀岩时计划非常关键，并且攀岩者要把计划划分成更多详细的步骤。

收集信息

选择好攀岩目的地后，需要攀岩者尽可能多地收集路线的相关信息。比如，路线长度、走向、困难路段的分布情况、岩石状况、保护措施，以及攀登和下降所需的时间等。现实情况也要考虑在内，如这条路线是干燥的还是潮湿的，岩壁上是否还有积雪？

左图：阿尔卑斯式攀登
基本目标是安全地执行计划

下图是攀登计划的详细步骤划分

收集信息
▼
确定和检查关键位置
▼
方案：灵活多变
▼
时间计划，装备
▼
计划成型

关于计划路线的问题

- 起始点或大本营在哪里?
- 途经哪些地点，这些地点对攀岩有什么地方性规定?
- 最终要攀登到什么高度?
- 攀岩的具体路线是什么?
- 最困难的部分在哪里?
- 从哪里下降会遇到困难?
- 路线计划的攀岩距离和相对高差是多少?
- 下撤的计划是怎样的（徒步、绳降）?
- 遇到大雾等特殊天气时，是否难以辨别方向?

路线计划的信息来源

- 地图：比例尺1:25 000。
- 路线信息：向攀岩向导咨询或查阅攀岩导引书。
- 网络信息。
- 咨询山林小屋所有者、登山向导和其他熟悉地形的人。

这些信息中也应包含天气预测。特别长的路线必须在稳定的天气状况下进行。在深谷温暖区域中也可以计划回程时顺便攀登其他短程路线，但在高海拔寒冷区域完攀后应即刻返回。

冷锋

关于天气的问题

- 天气预报中是如何报道的?
- 大区域的天气情况和变化趋势是怎样的?
- 云层的基础高度是多少（云雾因素，视线遮挡）?
- 是否有具体的风力和温度预测?

关键位置和决定点

关键位置在这里有两层意思：一方面指要求特殊攀登方式的困难区域，另一方面指需要做决定的地点。比如，是否选择一条已经有三组攀岩者攀登过的成熟路线?从这个起步点开始攀登，回程时会遇到问题吗?哪里存在诸如直接下撤的山路?

在到达这些关键位置之前应该事先做好决定。哪些是最好的选择?采用哪种策略可以完成以下路线?此时掉头返回吗?经证明，理论化的重大决定应该提前规划。比如，可以写成“当我们13点前到达的里雅斯特山南面卡莱索的地段时，就可以继续从此处横穿过去”。

替代方案

当关键位置和决定点能够确定时，也应考虑替代方案。这十分重要，因为我们无法保证预测的准确性。

正如那句箴言“拥有一切或者一无所有”，如果计划死板且没有灵活性，攀岩者就会轻视或者感觉不到危险的存在。

时间计划和装备

在组队攀岩时可以计划每小时攀岩大约100 m。除了这个近似值外，在攀岩导引书中还可以找到攀登单条路线的时间分配。这些时间预计会因为搭档关系与能力的差异而变长或变短，但在大多数情况下要考虑实际时间可能拉长。只有经验丰富且熟练的攀岩组能够准确地计划时间，遵守或缩短攀岩导引书指导的时间。三人或四人组则需要更长的时间。在任何情况下都应为不可预料的问题找到一个相应的备用解决方案。

时间计划方面

- 必须在一个确定时间内返回（日落因素，强制折返时间）。
- 预估一个备用时间，其中包括下撤遇到问题所需的时间。
- 注意耗时的因素，如技术因素和装备条件，未遇见的各类因素或者能见度低的环境情况（云雾）!

在已经提前考虑到所有因素的基础上整理装备。列一个装备清单，以便确保所有重要物品都在背包中，随身携带主要物品。注意，过多的装备也会和装备不足一样带来安全隐患。

沉重的背包会导致攀岩者疲劳和注意力过早丧失。缓慢的攀登速度会增大碰上气候骤变或者面临必须在野外过夜的风险。

为应对因攀登速度慢，而不得不野外露营的情况，建议攀岩者随身携带头灯，此外还须携带标准的露营包、头盔和急救套装。此处不再对具体情况下的必备装备进行过多探讨。通常攀岩者能在攀岩导引书中找到建议，也可以参见《德国登山协会攀岩全攻略 安全和装备》。

计划的灵活性

路线计划应具有灵活性。攀岩者在马上要开始攀登前检查实时的天气变化和所在位置。在攀岩途中根据碰到的情况和设计好的方案灵活规划决策。要选择当下最优的，已规划好的备选方案，而不是任意一个未经计划的方案。

在小木屋前进行线路规划

推荐攀岩者在上升时试探着接近所期望的循环负荷。适宜的开始速度的标准是，在前进时人们仍可以互相交谈。持续的攀登速度应均匀并有节奏。此时，重要的是安全性与稳定性，中途停顿会干扰节奏，还会消耗体能。上升期间的间歇训练意义较小。

一旦“速度过快至身体发热”，攀岩者就应脱掉外套休息。穿着厚重的服装完成此种长途攀登，这在策略上是极其不明智的。出汗意味着攀岩者负荷量大，水分、热量的流失和由此带来的保暖性降低，这会对之后的攀登产生极其不利的影响。

接近岩壁的策略行为

一般来说，攀岩者应该时常抬头观望，并从观望的角度牢记岩壁形态，可以通过观察预估下降距离。在攀岩中，无法想起路线的走向是很不利的，而且通过观察和记忆，可以避免很多事故。

如果在通往目的地的路上有一个小茅屋可以过夜，里面常常挂着大尺寸的岩壁照片，上面甚至还会标注着相关路线。有时，小茅屋的主人也会有很有助益的小提示。

攀岩者在接近岩壁时就应该判定路线的走向，若有可能的话，连同在该片岩壁的下降路线一并判定，并将这些储存在大脑中。一架便携望远镜可在攀岩者进行崖壁与照片、路线草图和描述之间的对比时提供帮助。

与岩壁的合理观察距离对此种对比十分重要。由于角度的扭曲，人越接近岩壁，越难以看清路线的走向。而岩壁特征也常常由于合理的观察距离变得更易被识别。

在岩壁落石区域应戴上头盔，必要时，在接近路线时就应戴头盔。对此的判定标准不可以是其他人的行为如何，而应是自己评估当时的情况。

开始攀岩时的准备

起步位置必须稳妥可靠并且相当平整。如果攀岩者开始攀岩时找不到这样的平面，就应提早佩戴好安全带，这也同样适用于攀岩者打算无保护登上岩壁起步位置的凸出部分时。在此种情况下，绳索和保护器具应保证可以随时取用。

攀岩者应该在“传统路线”与“兴趣攀岩路线”之间区分保护装备。“兴趣攀岩路线”具有已设置好的保护站和安装好的中间挂片，而“传统路线”则没有这些预设的设施，攀岩者要通过岩钉或岩塞来设置快挂和保护站。

我们建议您在攀登“传统路线”时在每把主锁中各悬挂5个楔状岩塞和1~2个机械岩塞，并根据它们的大小将它们按顺序挂在安全带上，以便在紧急情况下取用。在攀登“兴趣攀岩路线”时，攀岩者要将可能额外需要用到的钢丝锁门楔状岩塞扣入单个主锁中，且最好将它们装配在安全带的后面。

具有良好的俯视视野的平面降低了路线与岩壁相调和的难度，例如普雷迪格斯图尔山与凯撒山脉

头肩上的扁带应该全部挂在同一侧（不要交叉）并且固定在背包带上，或者用双合结把扁带固定在装备环或者背包带上。在开始攀岩的时候要想一想第一段攀岩的路线走向，相比那些已经攀了10 m才考虑这个问题的人，这会省下不少时间。当然，攀岩者也要把攀岩导引书装在随手可取的地方，以便随时查阅。

当不同水平或者对某些技巧有不同喜好的人结组攀岩时，可以根据策略来确定谁领攀哪段路线，这样可以大大提高速度，保障安全。

攀岩过程中的策略性行为

这里也要区分“传统路线”和“兴趣攀岩路线”。传统路线中，方向是一个问题，比如下一个可利用的岩缝常常离得太远，以至于攀岩者看不到它。

岩石稳定性：敲击岩石，声音清脆的话就是正常的，声音沉闷的话情况就不太妙了。如果有必须使用又不确定稳定性的岩点，那只能让其向下负重！负荷向外的话（远离岩壁）破碎风险更高。与经济性相比，安全性更重要。也要注意岩块对攀岩者判断的影响。不仅仅是结实的岩块，松散的岩块通常也会由于密度较高而发出令人感觉可靠的声音。这种情况下，唯一的判断标准就是利用重物坠落测试其稳定性。

通过用掌根击打测试岩壁质量

虽然在“兴趣攀岩路线”中，专业人士一般不会去评价安全可靠的标准挂片，但通常人们还是会对简单路线中跌落受伤风险进行分级，也会考虑在偏远岩壁受伤的后果（撤离、医疗的时间因素）。出于以上原因，攀岩者要背着备用物资攀岩，就尽量不要跌落。

兴趣攀岩路线

在“兴趣攀岩路线”或者被改造过的“传统路线”中，潜在的风险会少一些。即便路线中设有保护站，每隔一定的距离就会设有挂片，低估危险也是错误的。在自然岩壁上，挂片距离长短不等，即便攀岩者离挂片很近，也有可能会跌落受伤。虽然攀岩路线通常是事先确定好的，但是有时也会出现相反的情况：攀岩者有可能看不到下一个挂片，或者推测出错误的挂片位置。

兴趣攀岩时，攀岩者在一个挂片处挂绳时往往就已经能看到下一个挂片了，攀岩者可以通过观察它们获知攀岩路线的走向。但是，也会出现例外，即确实看不到下一个挂片的位置，或者攀岩者观察错误。

和“传统路线”不同，关于判断“兴趣攀岩路线”走向的一种实用的指导思路是“岩壁的哪个位置能给人带来最佳的攀岩体验？”在这个方向上，你极有可能找到下一个挂片。

有许多“兴趣攀岩路线”上的岩石质量并不太可靠，这与近几十年来的过度开发有关，那些被“前人们”经过深思熟虑过滤掉的路线被装上了挂片。我们对如何判断不安全的岩石、预先了解路线信息和佩戴头盔的建议也非常适用于攀登“兴趣攀岩路线”。

可以从攀登路线上脱离，会给攀岩者带来安全和舒适。当天气突然变坏时，攀岩者可以迅速做出反应，而不必先攀登到山顶。而且，在攀岩时，非必需的物资也可以保留在地面大本营，相对于许多其他下撤方式，这会极大地减轻攀岩者的负担。

在保护站休息

低等和中等难度的攀岩线路常常在一段绳距之后有一个良好的保护站休息点。这些保护站休息点可能是条状狭长地带、平台、大脚点或平地。攀岩者可以在上面逗留，规划接下来的行动，然后去完成它。在休息点之间，攀岩者可以尽可能流畅又省力地攀岩。而在悬挂状态需要耗费体力较多的保护站，只有在出于安全原因，休息点变得不可或缺的时候，人们才会用它进行长时间地休整。

原则上，这些行动策略同样适用于难度较大的攀岩路线。能辨认出并且熟练使用休息点是成功的关键。然而，在难度较大的攀岩路线中休息点很少见，更多情况下，在较费力的地方必须要放置或者悬挂中继保护站。并且，攀登难度越大的岩壁会越陡峭，因此也更不容易站稳。固定点的受力通常也会增加。就这点而言，在难度较大时（国际登山联合会难度系数七级及以上），在多段攀岩路线中攀岩者有时也可能会达到能力极限。这里要强调一下，低难度路线不等于低危险性路线！之前警告过，不要在难度级别较低或者阿尔卑斯山的传统路线中测试自己的攀岩技术极限。如果有兴趣的话，应该在可靠的，并且通过国家考试认证的登山向导的陪同下来进行尝试。

国际登山向导徽章，持有者必须接受过良好的攀岩培训

在路线上沿绳索下降

心理

攀岩时，时常处在自己的能力极限边缘的人都知道，当一个人付出全力时，自我感觉会有多好，也同样知道无法达到预定目标的沮丧。本部分将讨论一个综合性主题，即攀岩者如何应对压力以及如何最精确地制定目标。此外，还会探讨我们从攀岩中能够获得的成就感、快乐与活力。

快乐和活力并不直接与攀岩联系在一起，它们取决于我们的思考和感受方式。也就是说，我们的性格特征对攀岩和能力有影响。每个人都有长处和短处，弥补自己的短处对提升训练效率来说是有意义的。在心理方面还有一个很重要的观点：我们能够也应该发挥自己的长处，它们是我们个人的快乐源泉。

压力

每个人都知道紧张的感觉。大多数动物在面对危险或者一切它们感觉危险的事情的时候，会出现两种行为模式：逃跑或者战斗。

和动物一样，人类的身体中会在一瞬间进行一系列的应对过程，这些过程会让整个身体系统以最大动能活跃起来。在感受到危险时，植物神经系统会做出反应，它不受我们意志的影响，还会控制我们的心跳、新陈代谢、热平衡和水分平衡。交感神经和副交感神经都属于植物神经系统，其控制中心在脊髓和脑干。在遇到危险时，交感神经系统和肾上腺都会有肾上腺素荷尔蒙被释放出来并传播到血液中，使我们心跳加快，血糖和血压升高——这种效果恰恰是我们准备提高能力所需要的。

对于动物来说，这种身体反应对生存是很重要的，而对于人类来说，它并不总能带来好结果。例如在危急时刻，人们会通过及时踩刹车来化解开车时的紧急情况。在这之后的几分钟内，脉搏会剧烈跳动，但这就是无关紧要的事情了。

问题是，不仅是生理上的危险，心理上的问题，如不习惯、时间压力、负面想法也会诱发上述反应。因此，冷静的头脑要比为战斗、逃跑而激活身体系统要好——这样的过度激活会对我们的运动能力产生负面影响。

压力的影响

如上文所述，身体会在极短的时间里做出是否要战斗或者逃跑的决定。“固定在敌对者身上”的状态也会影响人们的感觉、思考和运动表现。百分之百集中于“假想敌”而无视其他情况，这种状态在战斗时是否有效，还不能确定。如果想不依赖于“假想敌”而取得成绩，那么这种本能会发挥消极影响。可以说脑干起到了管理的作用，它管理着我们关于反射性行为的整体系统。神经腱受阻——误以为不重要的感觉和信息就不会继续在大脑中传播。

脑干占统治地位的另一个影响是它会使我们使用的思考方式不再像往常一样发挥作用。正常生活或练习中认知上的互相关联，以及“受大脑控制的”行为方式可能会在压力下完全失控。

非常重要的一点是压力还会影响攀岩者的运动协调能力，为取得最佳成绩，攀岩者的肌肉系统被刺激，进而产生极大的紧张感，运动时消耗的能量过多或者说肌肉张力过高，在这样的前提下攀岩者不一定能够很好地攀岩，尤其是攀岩要求精确的路线时。

激活身体机能

从实际操作中可以看出正确地激活身体机能是非常重要的，毫无疑问，只有提前识别压力并且掌握对抗压力的方法，才能正确激活身体机能。有些方法作用于生理反应，也就是说，它们和压力一样直接刺激自主神经系统。有些方法作用于精神层面，影响意识与思想，因此也被称作“精神训练”。

从狭义上看，精神训练被看作是运动过程的可视化，但它同时也是生理层面各种训练方式的上级概念。

识别压力

攀岩者最好进行一次压力测试。在测试时，应考虑以下两个问题：（1）抗压能力如何？（2）何时识别压力？越早意识到压力的存在，越能及时、高效地应对它。反之，如果在压力已经积攒到一定程度时才意识到它，则很难根据指导有效地消除它，如果后来才意识到了压力的情况——此时整个身体已经紧张起来，或是已经准备好开始比赛或攀登——那么此时就很难再应用这种调整技术了。

攀岩开始之前，运动员如何对抗压力？

每个人的自我认知不同，有些人能较早地感受到压力，有些人感受到压力的时间较晚。并且每个人的抗压能力各不相同，对某个人来讲已经是压力很大的状态了，对另一个人来说则可能只是微不足道的压力。

为了更好地了解自己的压力状况，攀岩者可以回想自己的经历，并在此过程中观察自己的身体状况。人们也可以在紧张的情况下尝试直接感知自己。以下内容有利于确定自己的压力状况。

压力状况

- 握紧拳头。
- 喉咙干燥。
- 高耸肩膀。
- 牙齿打颤。
- 手掌出汗。
- 心率加快。
- 脖梗僵硬。
- 胃部绞痛。
- 想法消极。
- 自我怀疑。
- 烦躁。
- 注意力不集中。
- 胡思乱想。
- 无法控制身体。
- 怀疑训练状态。
- 紧张。
- 经常反复考量。
- 疲劳。

自我调节

自我调节需要确立自己能实现的目标，必须知道能让自己产生最大动力的条件是什么（身体上和心理上），可用心理学术语“理想的性能状态”概括。詹姆斯·A.勒尔根据可调动能量强度，并根据愉快与不愉快之间的对比划分这种状态。勒尔将此划分为四个领域，可将情感状态归入其中。通过分类，可以确定自己或帮助运动员确定当前的状态。

很明显，区域A代表能取得好成绩的最佳条件；区域D则代表条件最差；区域B会引发威胁感，产生压力和自我怀疑；区域C是对取得成绩而言较好的条件，处在该区域的运动员大约可以达到最佳表现的60%。

因此，勒尔的分类为攀岩者改善成绩和提高生活质量提供了参考。成功使用

理想中，个人状态可以被分成四个部分

的话，可以使攀岩者的情绪从紧张转为轻松，并自由地发展运动技能。在有威胁感的状态中会经历所谓的“心流”。

当然，理想的个人状态也包含身体因素，这些因素基本上可以通过适当的热身来控制。理查德·苏因从为取得成绩而做准备的角度出发，区分了“身体机能被激活的程度”和“可调动能量”来调整个人状态。

呼吸

在运动时进行有意识地呼吸，人们既不能为将来“预先呼吸”，也不能在过去“滞后呼吸”，这种有意识地呼吸与当下状态紧密联系，让攀岩者实现与自己交流。此外，有意识地呼吸能改变心情，缓慢地深呼吸可以让攀岩者冷静，强烈地呼吸则会激活攀岩者的身体机能。为了激活自身机能，要在吸气时注意集中注意力，呼气时让自己镇静。

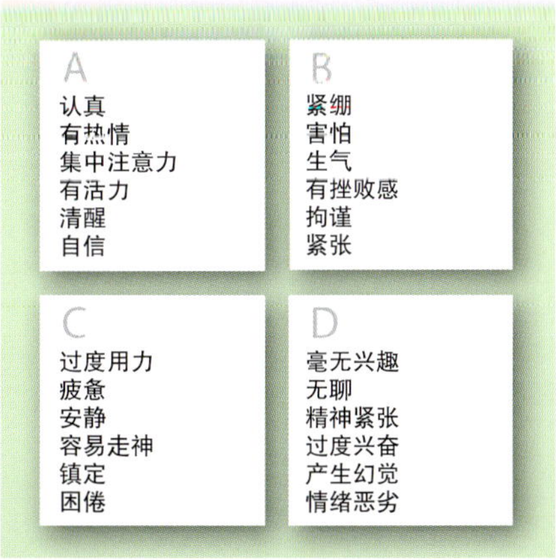

四个区域代表的情感状态

深呼吸能改善大脑和肌肉的氧气供应。特别是在需要耐力的路线上，除了心理效应外，攀岩者的呼吸节律对完成攀登也非常重要。急促的呼吸节律不利于氧气供应，且应按情况进行，攀岩者只应在必须的时候，如需要让身体高度紧绷的时候使用这种呼吸方式。

放松

压力导致肌肉紧张，放松练习能减轻压力。因此，攀岩者应当通过肌肉的紧张状态感知身体状态，并掌握放松的技巧。

理查德·苏因描述了一个放松肌肉的方法，先了解肌肉紧张的感觉，即通过集中注意力感受肌肉的紧张状态，然后放松肌肉，感受这种对比。这项练习需要20~30分钟。攀岩者不要匆忙，保持平稳的节奏，选择一个安静不被打扰的地方，也可以在晚上睡觉前练习。仰面躺下，闭上眼睛，尽可能收紧每个肌肉群，感受肌肉的紧张感。单次收紧持续5~8秒（不需要完全按照这个时间进行，不要在计算时间上耗费太多时间）。

肌肉放松的练习顺序

每个练习做两次。

- 从优势手开始——握拳，注意张力（直到8秒），松拳，从与紧张的对比中感受这种放松。
- 将另一只手握成拳头，然后放松。
- 弯曲右臂，收紧二头肌，然后放松。
- 弯曲另一只手，然后放松。
- 皱眉，感受紧张状态，然后放松。
- 咬紧牙齿，然后放松。
- 高耸肩膀，增加张力，然后放松。
- 深呼吸，屏住呼吸。然后，缓慢呼吸，慢慢放松。
- 收紧腹部肌肉，然后放松。
- 脚趾用力下压，然后放松。
- 慢慢深呼吸，往腹部吸气。将腹部向外推，慢慢呼气。
- 深呼吸三次。集中注意力。
- 恢复正常呼吸。

在放松状态下，有意识地呼吸能帮助我们集中注意力。知道肌肉放松的感觉之后，攀岩者就可以缓解紧张，有意识地深呼吸，从而找到身体的紧张部位，然后放松。此外，还可以将“集中注意力”与“关键刺激”相结合，寻找适合放松练习的颜色、单词或短语，例如词语“放松！”。将想法与练习结合时，就形成了一个“关键刺激”。理想情况下，攀岩者可以通过想象“关键刺激”来放松自己。

身体姿势

人类的情绪状态与某些姿势有关。比如，“抬头”或“挺胸”等姿势就可以证明这一点。有表演技巧的人可以假装“在糟糕的比赛中做得很好”，专业演员要将自己“代入角色”。

简而言之，情绪会影响我们的身体姿势。反之亦然，有意识的身体姿势会影响我们的情绪状况。攀岩者无论是在竞赛隔离期间，还是尝试在难度大的路线成功攀登时，都可以想象某种情绪状态，联想其姿势并以这种姿势行动。

当然，这种操作只在一定程度上有效。即使是最好的姿势也无法防止攀岩者在攀登较难的耐力路线时手臂肿胀发硬，此外不能忽视安全。

诸如“有进取心”或“勇敢”等激励语言不适合在安全性较差的路线上使用。如果条件合适，尝试不同的动作类型会产生更积极的影响。

攀岩者可能出现的身体姿势：

有进取心	勇敢
放松	乐观
注意力集中	自信
轻率	不在乎

身体姿势和情绪相互影响

目标设定

无论是在生活方面，还是在运动方面，每个人都有目标。有些目标能实现，有些目标无法实现。能否实现目标不仅与人们的追求有关，还与目标本身有关。中100万元彩票的目标就无法靠自己实现，而且毫无疑问，只有少数人才能实现这一目标。

经常设定不切实际的或乌托邦式的目标，从长期来看会令人受挫。不切实际的目标是毫无意义的，例如，一般努力训练15年之后可以达到攀岩八级的水平，但如果将目标定为攀登传奇的“Action Directe”路线（十一级），很可能努力训练一生，仍然无法达到这个目标。一个人经过15年的攀岩实践后仍无大的进步，会产生沮丧情绪。

这个人如果仅将攀岩八级的路线定为目标，经常练习就能实现，这有利于内心的满足，但也可能导致一定的自满。当然，从运动的角度上讲，这个人肯定始终在自己的能力范围内攀登。没有进行系统的专业训练，这样的业余攀岩者一般可以在15年后达到攀岩水平“8+”级或“9－”级。

根据上面所讲，人们应该在现实可能的范围内制订各自的运动目标。过低的目标起不到刺激作用，太高的目标容易让人遭受挫折。并且，目标是可衡量的和有时间规划的，必须能够激发个人的主动性。选取特定的攀岩路线是一个可衡量的目标，如果将这一目标限制到“不管哪个时间”前完成，是毫无意义的。只有定好时间点，才能有针对性地调整练习方法。

结果目标和行动目标

上述的中长期目标是结果目标，如计划完成某条路线或赢得某项比赛。这些目标会在攀登前给攀岩者带来强大的压力，而压力会在目标达成后消失。结果目标与情境无关，也不会提出具体的行动要求。

因此，在努力达成结果目标时，制订并执行行动目标比仅制订结果目标更有意义。行动目标包含可直接执行的指令，即如何使用资源或在某些地方的行动方法。比如，“一直平缓地呼吸”“即使脚点很小，也要准确踩住”“向上动态移动时从腿部发力”。

行动目标专注于“当下”，可以灵活调整。与结果目标相比，行动目标给攀岩者的压力更小，能让攀岩者更加专注于某一点。前文描述的使用某些姿势攀登也属于行动目标。

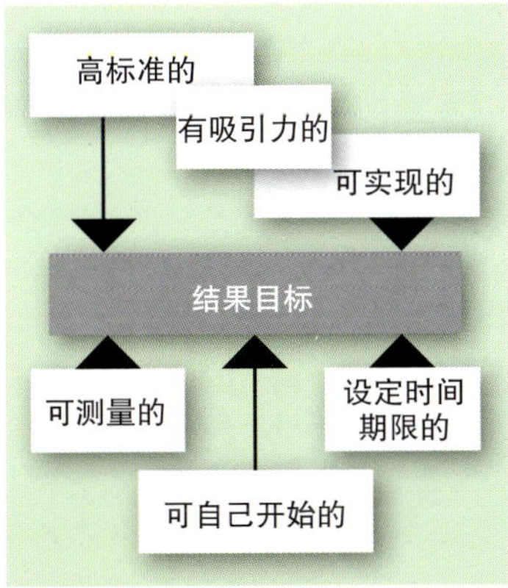

目标设定时的要求

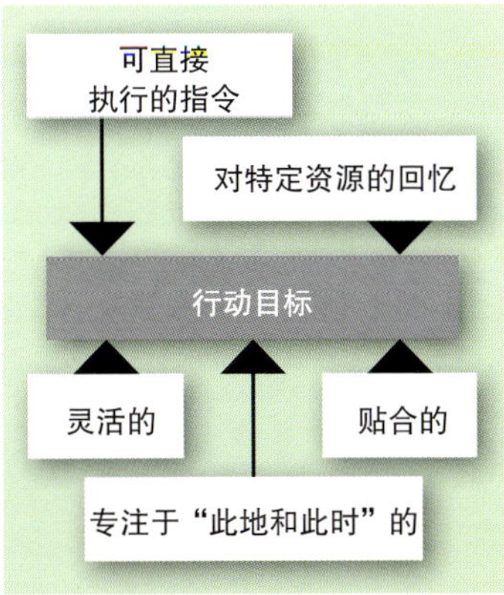

行动目标的影响

注意力集中

注意力集中意味着攀岩者聚精会神地攀登。上文已经提到，注意力也是一种消耗性资源。人不可能无限度地集中注意力，且训练也只能短期提升注意力，但随着训练时间的增加以及进行其他需要注意力的活动时，注意力也会下降。

大多数人都对以下场景十分熟悉：想读一本书，却在某个时间再也无法读下去。此时再读那一句，也只会感到疲倦，且必须承认，自己根本没有读懂那句话，再试一次，同样的事情还会发生。此时更应该把书放到一旁不再读它。更好的办法是，在读之前就计划好何时休息，大致应按照以下节奏：每集中注意力做事15分钟，应休息3分钟。这样就可以形成“波浪式”的注意力曲线，更有利于持续保持注意力，而不是徒劳地尝试在长时间内始终保持注意力高度集中。

注意力的集中程度也与血糖浓度有关。如果要在数小时内保持注意力集中（包括有规律地休息），则每攀登一定时长后，攀岩者应当定期摄入碳水化合物和足够的水分。

在适宜的条件下，攀岩者即便有积极性，也依旧会走神。任何思想上的偏离都会使攀岩者的注意力无法集中。一个有效集中注意力的方法是“占领思维”，通过呼吸练习、找准行动目标、摆正身体姿势来实现或者有意识地调动感官，集中关注“我看到、听到、感觉到了什么”。

理查德·苏因建议攀岩者也可以稍稍转移注意力，将视线慢慢投向远处，并在远处寻找红、蓝、黄、绿四种颜色。接着，攀岩者在近处寻找这四种颜色，最后在身体周边寻找。于是，攀岩者的呼吸会平缓下来，并且可以使用前面所讲的集中注意力的方法。

还有很多集中注意力的方法，这些方法都是为了给攀岩者飘忽不定的意识限定一个方向。在放松阶段，攀岩者则可以想其他一些不太重要的事情。

注意力转移和解决方法的建议

- 感到注意力开始分散时，让自己处在一个安静且稳固的位置，镇静下来并集中注意力。
- 如发现有人想在心理上打乱你的节奏，此时你要知道，会采取这样行为的人一般都没有赢得比赛的可能。所以应当平和地看着他，并记住自己的目标。
- 如感到沉浸在负能量中，此时做产生正能量的练习。
- 如已经感到疲惫，此时要用意志力和想象力让自己振作起来，提升自己的能量（比如想象自己是一个加满油的引擎）。
- 如发现自己的注意力已经转移到别的东西上了，此时在周围选择一个点，让自己的注意力集中在这个点上。只是看这个点，还是主动在它上面寻找并想要发现一些东西是不一样的状态。如果只是在看它，而非主动以“发现”的态度来看，就应当给自己提醒，从而有意识地拉回注意力。

虚拟准备过程

佩特拉·穆西格将对于攀岩来讲极为重要的能力——“虚拟准备过程”解释为“本质上是一种‘精神训练’，攀岩者要在精神上对其移动和攀登方式进行预设和练习。在这一过程中，大脑和肌肉组织都会产生一定的冲动和反应，就像真的要开始攀岩或移动一样。一方面通过这一方式可以更好地为接下来的攀岩和移动做准备，另一方面在想象的过程中可以将注意力集中到攀登上”。

在脑海中尽量逼真地模拟在某一路线上的攀登行为会对攀岩者有很大的助益。这里有两种方式：第一种，攀岩者可以直接在现场看别人攀登；第二种方式，攀岩者可以尝试感受一些岩点、移动方法和身体位置，如每次行动的发力程度是多少？在什么情况下出现问题必须终止攀登？

不论采用怎样的方式想象，都应当相信“我觉得容易”或“我能抓住目标点”。也可以联想之前自己成功攀登的经历。

“虚拟准备过程”不仅适用于尝试完攀，也适用于技术训练。它可以从想法上改善攀岩者的攀登行为，就像攀岩者看教练或其他人演示一样。

观看攀登

观看攀登为攀岩者的动作学习打下了重要基础。无论是对技术训练，还是对制订策略而言，观看攀登都是很好的学习方式。对攀岩者计划攀登的路线，如果有其他人攀登，则可以观看。观看其他人完攀会给攀岩者一种感觉，就是自己也可以成功完攀这一路线；而看到其他人在攀登中出现问题（身体晃动或是攀登失败），攀岩者就会认为这一条路线有难度。因此，在竞赛环境中，复攀环节结束后会产生一定的问题，攀岩者应当选择看谁攀登以及看多少次。观看过多的攀登，以至于超出了自己攀登环节的需要，是没有意义的，并且会消耗更多的注意力，休息时间也会减少。应在怎样的范围内直接观看对手攀登，需要攀岩者自己寻找答案。对于某些人而言，压力会让情况完全失控；对于另一些人而言，压力会激发他们的动力，反而有助于其超越自我。

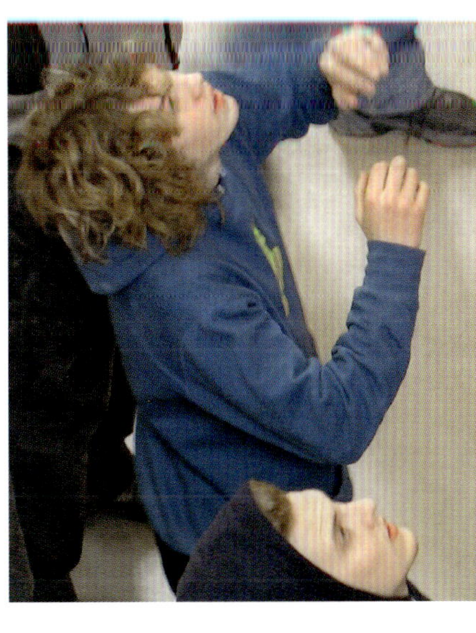

虚拟准备过程

习惯

每位攀岩者都有自己的习惯：穿戴安全带和攀岩鞋的顺序、如何使用镁粉、擦完镁粉之后吹一吹手指、在完成线路后喊出自己的口号，以及如何打包背包……

理智地去看，有人会询问这种习惯的意义在哪里——穿鞋时是先穿右脚还是左脚难道不是无所谓的吗？完全不是的！习惯会给我们方向、安全感和自信。按照自己习惯的方式去做事是很重要的。如果出于某种原因，攀岩者不能继续按习惯做事，那么他就很容易混乱。特别是在有压力的情况下，保持习惯是很重要的。如果思维已经被其他的东西占据，人们会自然而然地按习惯做事。

习惯的培养

攀岩者必须注意自己有怎样的习惯。如果攀岩者知道自己的习惯，那么在重要情况下就可以更好地为自己创造合适的条件，也只有这样才可以真正让自己按习惯攀登。

抓镁粉的习惯

当然，从策略的角度上讲，确定这些习惯到底是更有利的、无利无害的还是有害的也很重要。比如，过度擦镁粉的行为就可能导致攀岩失败。应当用有利的习惯取代有害的习惯，可以继续保持那些对攀岩成绩不会造成切实影响的习惯，甚至将其视作有利的习惯加以培养——每个人都可以有自己的癖好。在有压力的情况下，攀岩者会因为能按自己的方式攀登而感到高兴。让攀岩者了解自己的习惯，甚至有意地为之培养新习惯，也是教练的工作内容之一。

关于习惯的一些例子

- 较长的热身或放松时间。
- 为自己定下明确的目标。
- 在训练与比赛中设定一样或几乎一样的时间安排（如开始前5分钟做什么，开始前10分钟做什么，开始前30分钟做什么）。
- 呼吸、放松和虚拟准备过程的练习。
- 激活身体、转移注意力和化解负面情绪的习惯。
- 强调团队团结的习惯。
- 共同总结一天的活动内容，或者个人反思一天的活动内容。
- 一天的活动内容结束后，聚在一起（比如一起吃饭）。

化解负面情绪

可能会出现未完成攀岩目标，或竞赛成绩不如自己的预期的情况等。这些各种各样的负面经历会对下面的攀登尝试产生不利影响。

长期来看，直接“咽下”这些负面情绪会造成很大的问题。从一开始就化解自己的负面情绪才是更健康的。不要让这种情绪长期影响自己的攀登与行为方式，而应该有意识地结束它，并有一个新的开始。这一技能需要定期练习，从而保证自己在有压力的情况下可以自然而然地使用。

化解负面情绪—凝聚力量—集中注意力

攀岩者应将此过程的总时长划分成三个一样的时段（如3×5秒）。

- 化解负面情绪：在愉快或者生气的时候往往会释放出多余的能量，这些能量本就该释放出来。可以采用的方式有手臂或腿部的剧烈动作、轻咳、深呼吸或长出气。经常会自然做出的还有剧烈地呼气，或者大声喊叫。
- 凝聚力量：比如借助呼吸，深且用力地呼吸。休息，恢复力量。
- 集中注意力，将视线有意识地集中到下一步上。

正能量

我们的情绪和想法对我们的行为会产生巨大影响。理查德·苏因对此认为：“你的思想比你以为的更能影响你的行为。想一想那些令人生气的场景，于是你会发现自己真的生气了。正确对待你的思维，可以改变你的成绩，甚至是一生”。

积极想法和消极想法

理查德·苏因提出了非常好的关于产生积极想法和处理消极想法的方法，下面是引用他的一段话（有删改），“比赛中的胜利者和失败者都会产生消极想法，但是二者的不同之处在于，他们如何处理自己的消极想法。成功的人会想，什么地方可能失败；而失败的人则害怕想这些，因为他们认为这会带来负面情绪”。

一些负面想法是可以利用的

真正的秘诀是如何利用负面想法。因为这些负面想法会互相助长，所以它们经常导致一些问题。比如你会想：“我会累。如果我累了，我该怎么办？”这种想法会使你产生恐惧和过度紧张，结果往往是拿到一个不好的成绩。又如，“我觉得自己没有准备好，我觉得今天不舒服，今天我不会有愉快的一天”——然后这就成真了。不要让你的这些负面想法相互助长，要利用它们，思考如何解决这些问题。当你开始觉得累的时候，你可以做些什么？当你在练习过程中出现了错误，你应该做些什么？

利用负面想法

不要逃避负面想法，而是要准备好利用它，让自己能够积极地攀登，并做调整。当你想到“我会累”，然后开始紧张的时候，要马上采取调整措施。当练习过程中出现了错误，应当立即想“保持镇定，现在要做下一步移动了”——不要紧张！

获胜者成功避开消极想法

在某些情况下，消极的想法似乎有自己的意识，它们会让你的攀岩成绩止步不前。消极的想法如“我再也受不了了”“我碰上了一个这么糟糕的赛季，为什么还要继续呢？”等，这里介绍几种方法可以让你避免产生这种状态。

分析消极想法

分析这些消极想法的来源，并采取措施从源头解决它们。例如，消极的想法可能与紧张、焦虑有关。如果是这种情况，你应该学会控制恐惧的方法。

这些消极想法是否与现实事件有关？你需要对现实事件究根问底。比如，中止锻炼，评估有问题的地方。如果你定期刻苦地训练，那么休息一天不会影响技能或身体状态。暂停一下剧烈的运动反而对你有所帮助。

按部就班

是否因为生病或受伤而中断训练，对此是否感到忧虑？攀岩者应该接受生病或受伤的情况并决定接下来需要做什么。如果受伤了，应该关注康复计划。在康复之前，不应该考虑如何在未来的比赛中做到“不要在速度赛中抢跑”。应该按部就班：首先恢复，然后重新开始训练，最后才是竞赛计划。

取代负面想法

给未来设定一个合适的计划，以此来取代负面想法。以从之前的比赛中学到的知识为出发点，设立一个目标。如果在以往赛事中排位很低，那么应采取必要的措施去寻找原因。可以利用下一次竞赛机会，改变某一个或几个特定的攀岩方式，并研究其效果。之后开始思考：这告诉我出了什么问题，如何帮助我在接下来的比赛中进行改进。

寻找自我优势

发现你的优势并学会应用它们。“我必须发挥我的优势，它们让我取得现在的成绩，一定会继续帮助我，为我带来更大的突破”，用这个想法替代下面的想法，“这个不足让我总是失败，我没有机会”。无论是面对竞争对手，还是恶劣天气、不利的当地条件等其他因素，都要转变想法，找到自身的优势，以此控制消极想法。

替代法，停止消极想法

用一个中立的想法替代消极想法。在耐力运动中，如果一名运动员在开始时就揣着“我不可能把它搬到山顶”的想法，那么在这个过程中他会一直感到很疲惫。下一次，他被告知：当走近山丘的时候，试着去找最高的树。这种想法就会替代原先消极的想法，并且可以帮助运动员保持自己的节奏。

偶尔一个荒谬的想法或形象也会对停止消极想法有所帮助——想想吧，当你穿着一身米老鼠的服装向对手自我介绍时，你的对手有多紧张？

有时候你会发现，没有实际的、有效的方法帮助你避免产生消极想法。这时可以尝试以下两种解决方案：一种是直接告诉自己“停止”，并在脑海中展示一个巨大的停止标志，另一种是做一些完全不同的事。你无法直接抵御消极想法，但可以有意识地把这些消极想法赶出脑海，或者让它们消失，直到比赛结束。

自我对话与沟通

该如何与自己沟通？如果对成绩满意，你会奖励自己吗？你究竟对什么感到满足？你想达到什么目标？当一个动作失败后，你已经预测到了吗？有些人对自己很仁慈；有些人对自己很严厉；有些人则自满；有些人则坚持不懈。找到与自己相处的方式是不容易的事。

从一个人如何引导内心独白，即自我对话，也可以看出他的沟通方式。以下问卷可以帮助你了解自我对话。

关于自我对话可能出现的问题

- 你对自己说什么？
- 如果对话起作用，你会怎么说？
- 如果对话不起作用，你会怎么说？
- 你什么时候和自己对话？
- 只有在再次失败时才会进行自我对话吗？
- 如果要批评一个有才华的学生时，你怎样表达？
- 赞美声听起来感觉怎么样？
- 如果要表扬一个有才华的学生时，你怎样表达？

许多运动员发现处理以上的或类似的问题很容易。即使对那些不太熟悉心理训练技巧的人而言，做自我对话也是一个了解自己的很好的起点。仔细聆听内心的声音，问题就会变得清晰。在这个过程中，人们通过用有利的“自我对话”攻克心理障碍。

积极的自我概念

我们应该为自己的生活负责，并成为自己的朋友。

我们可以以放松的方式感知事件，无须评估和判断，仅客观地观察。这有助于我们进行创造性地实验，尝试做一些事情，而不是像一直以来那样，为了避免错误而小心行事。积极的自我概念会鼓励我们，时不时地玩耍获得乐趣，像孩子一样开心，或者即使有“正当”的理由发脾气，也可以保持平静。积极的自我概念还包括了解并发挥自己的优势。涉及攀岩成绩时，这里需再次强调“虚拟准备过程”有利于比赛，这种想象可以通过真实图像来增强，例如你可以使用自己最好的攀登场景来制作视频，在比赛前或攀登前反复观看。

情绪传播

情绪可以传播并影响他人。试想一下，你在高速公路的快车道以每小时130 km的速度行驶，后面的司机一定要时不时就踩几秒钟油门加速，你能感受到他内心澎湃。由此产生的焦虑或愤怒的情绪，进而引发你做出一些驾驶操作。

当然，情绪传播也有积极的一面。对最新的攀岩区域的正面描述就会唤起攀岩者的欲望，他们想要立即了解这片“攀岩天堂”的情况。所以，无论是通过个人、体育赛事还是音乐会，热情都可以传播。在负面情绪传播时，我们要保护自己免受其害。我们应该尽可能有意识地感知外部影响。如果你察觉到这些负面情绪，那么尽早抓住机会，用已经介绍过的技巧调整自己的状态。

特别值得注意的是，在赛前隔离时运动员的情绪传播问题。因为竞争的目标就是优于其他参赛者。参赛者也会试图让其他人士气低落，在这种情况下，如果能够采取适当的监管方法，就能够阻止负面情绪的传播。在这方面培训师可以起到重要作用，努力让运动员保持放松状态，心态平静、自信，采取幽默策略的效果也很好，毕竟此时引起额外压力的言语或行为是没有什么帮助的。

德国锦标赛的良好氛围

拥有能量空间

理查德·苏因提到，所有的运动员都拥有内在的能量，但不是所有运动员都知道如何利用这些能量。分配不佳的能量会让运动员的攀登速度降低，耐力变差并且力量减小。个人内在能量会因压力、紧张、消极的想法或对环境的不关注而减弱。为了防止这种情况的发生，可以提高自己的心理承受能力，例如，放松，管理压力，集中注意力和产生积极的想法。

人在能量空间里占主导地位，要尽可能地向外拓展自己的内部正能量，这是对在这个空间里其他事物的一种精神控制。

你是否有过如下感受：身体中有一股热流向外扩展的感觉；血液流动或肌肉运动的感觉。

简单来说，这是吸收正能量并向外扩展的表现。能感觉到自己的能量并懂得如何在不同环境下利用能量的人，不仅在比赛或较大难度的攀岩路线中更容易成功，还能享受更好的生活品质。

冲坠恐惧

攀岩者知道，无保护的坠落是致命的，高山攀登者知道上方落石时的隆隆声和由此引发的恐慌感。事实证明，人们在登山和攀岩时对危险有恐惧感非常必要。在不允许坠落的地方或落石区域，攀岩者（攀登者）往往会有生命危险或遇到让行动中止的事故。因此，应高度重视危险，并采取适当的策略将危险降至最低。

恐惧一直是真实的

攀岩者有时感觉自己像一只身处高处的小动物一样紧张、恐惧，并只能牢牢抓紧岩壁支点。除了真实存在的危险情境外，还有一种不真实的危险情境。以攀岩者掌握冲坠技术为前提，在安全冲坠和有同伴保护的情况下，固定点上方3 m范围中不存在特殊危险。尽管策略上仅存在很小的危险性，但在快挂上方1 m距离处许多攀岩者仍会感觉很不舒服，2 m距

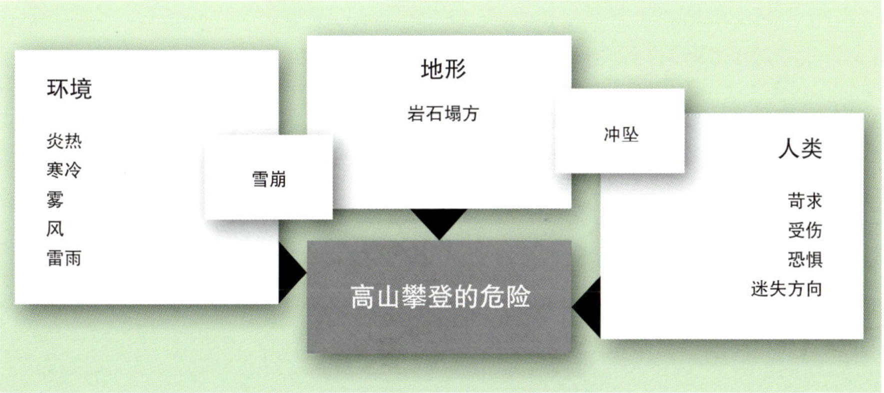

对高山攀登中的危险抱有恐惧是有必要的

每人都会有冲坠恐惧。在攀岩路线中也有光滑的岩壁

离处攀岩者就会处于紧抓状态。虽然可能没有那么大的危险，但是攀岩者对危险的恐惧感是真实的。“心理”这部分内容介绍了一些可用的策略来帮助攀岩者缓解冲坠恐惧。

“冲坠恐惧应对”是冲坠练习（冲坠模拟、安全训练和冲坠训练）中很重要的部分。一些攀岩者认为这些训练毫无用处，在这种想法的引导下，攀岩者很有可能选择错误的方式减轻恐惧，如进行全新的、不熟悉的运动方式。

重新定位

一些攀岩者试着高度专注于比赛或路线攀登，忽略有关冲坠的事情来克服对冲坠的恐惧，这种策略被称为“重新定位转移注意力”。还可以利用积极的情绪来转移注意力，虽然这种策略十分有效，但也有缺点，比如攀岩者容易忽略身体与绳索的关系、撞击力控制技巧等。由此，坠落会不受控制，攀岩者受伤风险很高。

逐步改善

前文提及的进行全新的、不熟悉的活动以缓解恐惧这一方法，适合在人们有足够的时间犹豫时使用。例如害怕送绳下降时，这一方法十分有效。攀岩者克服恐惧，向后靠，重量完全挂在绳索上时，攀岩者有充足的时间认识到这种情况的无害性。与此相反，坠落没有机会停留。仅训练一次就鼓起勇气松手，向下落一段距离对攀岩者来说非常不舒服。这段经历会深深地印刻在攀岩者的脑海里，因此冲坠训练应逐步完成。在方法上，训练可分为冲坠模拟、安全训练和冲坠训练三个步骤，每个训练步骤还应分为几小步。尤其重要的是，要让攀岩者决定冲坠的距离。

系统脱敏

有冲坠恐惧的人每次松手时都要高度集中精神并克服恐惧。通过练习，这种情况会明显好转，例如攀岩者在第三次主动冲坠时的犹豫时间短于第一次冲坠。显而易见，攀岩者要想逐渐减小对冲坠的恐惧，只有通过进行多次冲坠练习才能实现。

当害怕和犹豫占主导地位时，攀岩者会带着这种失败的感觉结束训练。遵循“在最好的情况停止”原则，攀岩者应该在少量的冲坠训练后，已经可以克服这种恐惧的情况下结束一天的训练内容。

经常练习

练习的持续性非常重要。因此，冲坠训练应定期进行。攀岩者可以按照以下计划进行训练：每次攀岩时，可以有计划地主动冲坠一两次。如果处在攀岩路线终点，即顶点处，可以直接松手。但是，要提前告诉保护者，你要冲坠了。在难度较大的位置，攀岩者应集中注意力尝试冲坠。如果保护者受惊会增加额外的危险概率。

如果先前有人在同一位置冲坠，攀岩者也可以利用观察的方法克服自己在此处的预设冲坠恐惧。看到别人冲坠十分顺利时，攀岩者会有轻松的感觉，若情况相反，则会产生线路难度很高的心理压力。

尝试在不稳定状态下冲坠

许多攀岩者虽然不害怕冲坠，但是不愿尝试不稳定的移动。例如，面对难以提供足够摩擦力的斜面、被迫的动态移动及出现“开门动作”。这些情况下，攀岩者在冲坠中很难控制身体姿态。因此，攀岩者应该判断，此时冲坠是否存在风险。如果冲坠情况看起来十分安全，就可以尝试。大多数情况下，冲坠很顺利，接下来攀岩者就可以更勇敢、乐观地靠近终点了。

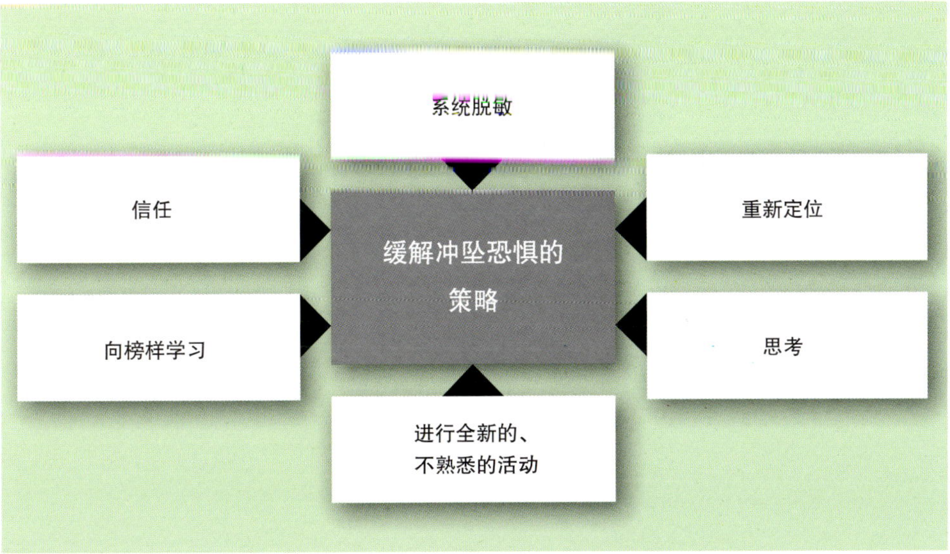

体能

体能概念

运动科学家将“体能”这个概念理解为敏捷、速度、力量和耐力等能力。除了这些基本能力外，还有混合形式，如爆发力或耐力。关于耐力需要区分“一般耐力”（有氧）和“局部耐力”，前者对于一般健身意义上的攀岩十分重要（基础耐力）。后者与前臂的力量训练密切相关。

力量

虽然攀岩者需要力量，但是有健美运动员体型的攀岩者并不常见。其中一个原因是，人们必须在岩壁上移动自己的身体，所以实际上最大力量并非关键，更重要的是力量与体重的比例关系。这种关系被称为“相对力量”，可以通过增强攀岩者的最大力量或减轻体重来优化。

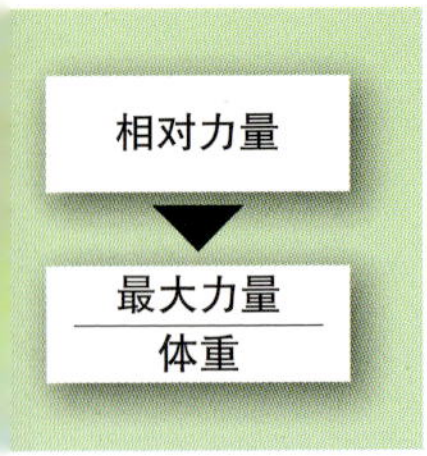

“相对力量”的定义

脂肪

脂肪较多的攀岩者可以用减重的方式来提高攀登效能。注意这种方式是有底线的。女性在健康状态下须保有17%~25%的脂肪，男性为12%~20%。扎普夫通过研究推测出“体脂危急临界值”为12%或者6%。霍豪尔泽和薛弗尔指出，当女性身体的脂肪含量低于10%，男性低于5%时，对健康有害。那些持续节食并且过分关注减肥的人，会有患上厌食症或者暴食症等进食障碍类疾病的风险。这两种都是可能导致死亡的严重疾病。

训练者对待这种话题要格外敏感、谨慎，并了解进食障碍类疾病的症状。

最大力量

身材瘦削的人必须采取相反的方式，可通过“大阻力训练”锻炼出肌肉。肌纤维在增粗，人越壮实，肌肉便能产生越多的力量。肌纤维的数量值在很大程度上由个体本身决定。有些人肌纤维量多，有些人则量少。前者对大阻力训练的反应更强烈，能更快练出大块肌肉，轻松提升力量。

然而，同样厚度的肌肉不一定能释放同样的能量。尽可能多的肌纤维同时发力，才会产生很高的最大力量值，这个过程被称为“潜力挖掘”“肌纤维同步”或者“肌肉协作”。未经训练的人可调动大约70%的肌纤维，经过训练的人可调动95%。

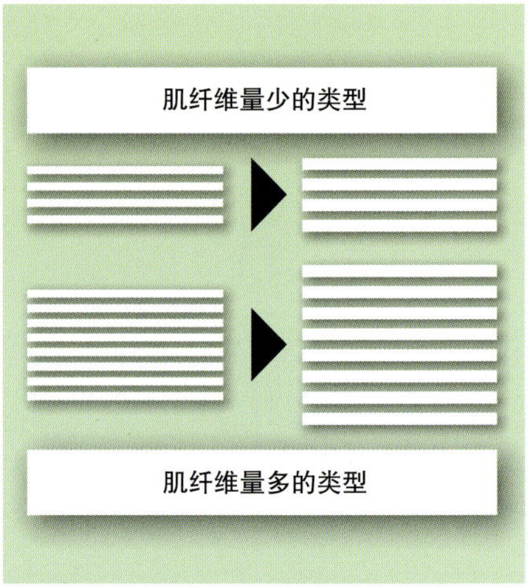

增肌的效果取决于肌纤维的数量

肌肉协作

运动总是由多块肌肉协调进行的，所有参与运动的肌肉相互合作，被称为“肌肉协作”。只有当所有肌肉相互合作并达到最佳状态，运动时才能发挥最大力量并达到最高精准度。攀岩者可以通过特殊的攀岩力量训练与技术练习来训练肌肉的协作能力。

乳酸型耐力

对于前臂来说，攀岩就是在负荷期与短暂体能恢复期之间不断转换的过程。在负荷期，无氧的能量代谢会产生最高效能。此时，血液循环暂停并且肌肉中聚集乳酸，到达某特定乳酸含量后，肌肉细胞便基本不再产生能量。

为了分解乳酸，放松是很有必要的。刚开始大量血液急速流入肌肉，然而只有较少的一部分被利用。在短时间休息（抓握间隙）时，血流会增多，攀岩者便感觉到“胳臂的酸胀”。一旦结束攀登或者攀岩者找到一个好的休息手点，前臂累积的代谢物会再次被分解。乳酸被循环系统带离前臂并分布于全身，在包括心肌的肌肉组织内被分解。

甩手抓握

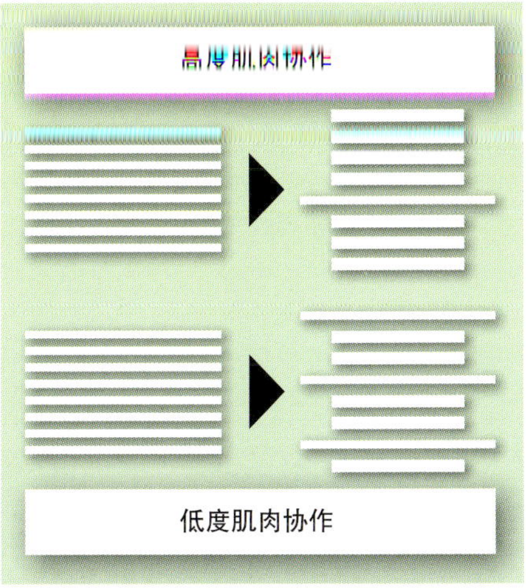

能量积聚取决于有意调动的肌纤维数量

与最大力量的相互作用

“局部乳酸型耐力”和最大力量相互作用。尽管如此，最大力量的提高与耐力的加强没有强相关性。原因有很多方面。如左下图所示，形成最大力量必须调动尽量多的运动机能部位，特别是快肌纤维。耐力训练中总有一部分技能部位短暂休息，且大部分利用的是慢肌纤维。此外耐力使用时也得到了最大力量效能中磷酸盐分解的能量。在耐力效能中，首先完成的是无氧糖酵解的能量积蓄。

在单个动作负荷为最大力量的20%~80%的运动项目中，不论是最大力量的训练还是耐力的训练都十分重要。单个动作负荷量低于20%的仅需要训练耐力，高于80%的仅需要训练最大力量。

很多攀岩路线既要求最大力量也要求耐力。如果在上文提到的耐力获得阶段失败，那么攀石入门者要成为攀岩能手便不那么容易了。

分阶段训练

为了训练身体的最大力量和耐力，同时为了将这两种训练形式之间的矛盾最小化，应分阶段进行训练。以往为达到这些目的，往往建议采用“双峰式年度计划”模式，攀岩者必须计划在一年中的若干时间点保持高运动状态（例如比赛或计划好的攀岩旅行）。此外，还会出现攀岩者因受伤而中断训练的情况，因此理想化的模式——双峰式年度计划，在实践中意义甚微。

并行式训练

结合实际而言，攀岩者可采用并行方式进行训练。在训练过程中选取一个训练重点，例如最大力量。对另一个训练部分（乳酸耐力），则进行保持性训练。2~4周更换一次训练重点。重要的是，每次要至少有8个训练单元是针对预设的重点。这一部分内容介绍了并行式训练中不同项目的训练分配情况（以最大力量为训练重点），如下表所示。在此分配体系中，技术训练占较高比重。在攀岩过程中无法测定基础耐力、对抗肌训练和灵活性的情况，因此以上三项未在此出现，但它们仍是持续性训练的重要组成部分。

并行式训练

训练项目	训练占比
最大力量训练	30%~40%
耐力训练	约20%
技术训练（含策略、心理）	40%~50%

当将大阻力作为训练重点时，可按照以下方式进行：先热身，然后攀登四条对技术要求较高的攀石路线，之后攀登四条对力量要求较高的攀石路线，在每条路线中都要完成10个攀岩动作。最后要攀登三条较长的攀岩路线，每条路线完成40个攀岩动作。第一条路线尤其注重技术（例如准确的脚法）；第二条路线的难点在于必须分若干阶段来完成；第三条路线要考验耐力且要攀岩者使用支撑翻上的技术。总的来说，以上流程包含大阻力训练方面的80个动作、耐力训练方面的40个动作以及技术训练方面的80个动作。

德国登山协会训练指南

人们也可以不按上文提及的训练模式训练，而是按照一定规则将不同的训练单元组合为训练模块，每个模块为期4周。总体而言，每个模块内的训练范围可以固定不变，也可以以周为单位发生变化。尤其当人们想在训练之后获得良好的身体状态时，建议采用“60-80-100-40”的模式。在前三周逐步扩大训练范围，而第四周为“休整期”。对于竞技意愿相对较少的攀岩者而言，当转变一次训练重点时，一个模块的持续时间也可更长。

“4周模块”内的训练范围分配。

- 第1个训练周：60%。
- 第2个训练周：80%。

- 第3个训练周：100%。
- 第4个训练周：40%。
- 第5~7个训练周：检验成效阶段。

针对特定运动种类的力量训练

人们可以在各种情景中，运用各类器械在不同的空间内训练力量。比如，一般性力量练习仅需一块地垫，若想在此方面多下功夫，也可以去健身房进行有针对性的力量练习。多加些想象力的话，人们也可以在健身房进行针对攀岩的模拟性训练。除此之外，本文将提供若干用于训练对抗肌的建议。

攀石训练

力量训练也可以且应当出现在攀岩训练中。正如前文所言，攀岩和攀石都能够以训练的方式来进行。人们在此过程中选择攀岩或攀石路线时，不应以其对个人的吸引程度作为选择标准，而应当以它们对个人所期望的训练目标的匹配程度作为标准。下文将通过负荷参数介绍如何具体地实施“路线训练”和“攀石训练”这两种训练形式。

训练强度

在最大力量训练中，训练强度取决于攀岩者身体的最大负荷量。若能够恰好完成一次重复练习，则此训练的强度为100%。而在实践中，其实不必了解100%对应的具体负荷量。为了按照以下方法进行训练，人们应适当选择攀岩的负荷量或负荷强度，从而能够恰好达到规定的重复练习次数或负荷时间。若攀岩者能够进行更多的重复练习，则表示该训练的强度过小。在进行局部耐力训练时，可参照攀岩者的前臂酸胀程度来确认该训练的强度如何。人们会注意到，在一般的耐力训练中，通过心率来确定训练强度，但这在局部耐力训练中是没有意义的。

接下来提及的负荷参数针对不同的训练方法，人们既可将其运用于单独的力量练习（例如哑铃训练和悬挂练习）中，也可将其运用于特定的训练形式中，如攀石训练或系统训练。

规定的攀岩动作次数通常比在重复练习时要求的数量少。一个攀岩动作所持续的时间一般比二头肌的收缩时间长。悬挂练习的保持时间大约为攀岩时间的2/3，这是因为攀岩者在攀岩中进行手抓动作期间会不断出现放松状态。后文所展示的负荷参数可用于各个训练练习中。关于在举例中所提及的练习形式的详细描述可参阅科斯特迈尔的著作。

局部有氧耐力训练

攀岩者必须忍受前臂酸胀的感觉。通常，攀岩者在开始感到疲劳之后就会减小抓握的动作幅度，或者在同等负荷情况下长时间坚持完成中等幅度的抓握动作。人们也应该在休息点尽可能减少乳酸的产生。在局部有氧耐力训练中产生乳酸和之后在负荷条件下的减少乳酸是至关重要的。即使有持续的少量负荷，也应让酸胀的前臂恢复一下。所选择的攀石或者攀岩路线的难度应比攀岩者的体能极限大约低两个等级（可参考国际登山联合会规定的难度等级）。

负荷参数

- 强度：手臂有中等程度的酸胀。
- 攀登动作：30~60次。
- 攀登时间：4~8分钟。
- 系列或步数：3~6步。
- 组间暂停：1~3分钟。
- 示例：连接攀石，简单路线攀登。

局部乳酸型耐力训练

此时应保持前臂中的乳酸含量在中等至高等的范围内。考虑到这一点，我们可以在很短的时间内攀登难度系数较高的攀石路线，或者完成一个长的、带负荷的攀岩路线。同时完成三组训练也是可以的。所选择的攀石或攀岩路线的难度要低于攀岩者能力极限的UIAA（国际登山联合会）规定的难度，可设置为低于能力极限一个半字母级左右的难度。以下三种训练形式的强度应该会导致攀岩者手臂酸胀。

攀石负荷参数

- 攀石动作：6~12次。
- 攀登时间：30~60秒。
- 组数：6~10组。
- 各组间隔：1~2分钟。
- 示例：攀石路线。

攀岩负荷参数

- 攀岩动作：15~40次。
- 攀登时间：2~6分钟。
- 组数：4~8组。
- 各组间隔：3~6分钟。
- 示例：仰角移动，长路线攀登。

同时完成三组训练的负荷参数

- 攀岩动作：3×（15~30次），难度越来越小。
- 攀登时间：6~12分钟。
- 组数：2~3组。
- 各组间隔：15~30分钟。

多适应性大阻力训练方法

攀岩者在最大负荷或较大负荷下移动直到结束，此时所有的肌肉纤维都处于紧张和疲惫的状态。攀岩者在力量耐力和最大力量训练之间进行过渡时可用多适应性大阻力训练方法。所选择的攀石或攀岩路线的难度应该在攀岩者所能承受的能力极限的范围内。

负荷参数

- 每次移动的强度：60%~70%。
- 重复：15~20组。
- 攀岩动作：12~16次。
- 保持时间：40~60秒。
- 攀登时间：60~90秒。
- 组数：2~4组。
- 各组间隔：>3分钟。
- 示例：路线攀岩，仰角移动。

大阻力训练方法

在大阻力训练中，攀岩者要攀登到更高的位置，但须攀岩者在最大负荷状态下多次完成。最后一次重复的强度应该是临界于自身能力的极限。攀石时所选的路线难度应该是最大的。与多适应性大阻力训练方法类似，攀岩者身体的所有肌肉纤维在训练中承担负荷，较高的强度导致快肌纤维的所需横截面增加。

负荷参数

- 每次移动的强度：70%~80%。
- 重复：8~12组。
- 攀岩动作：6~10次。
- 保持时间：20~30秒。
- 攀登时间：30~45秒。
- 组数：3~5组。
- 各组间隔：＞3分钟。
- 示例：更长的攀石路线，难度路线。

最大力量训练方法

这种方法也称为IK训练，在攀岩者还可以做出动作的最大负荷下移动1~3次。或者，选择短的、最大难度的攀石路线。此时攀岩者的所有身体单元都已承担负荷，但只有其中一小部分才会将力量真正耗尽。慢肌纤维的负荷能力非常持久，这些纤维只有在超过100秒的过度拉紧后才会排酸。

负荷参数

- 每次移动的强度：90%~100%。
- 重复：1~3次。
- 攀岩动作：2~4次。
- 保持时间：3~8秒。
- 攀登时间：4~12秒。
- 组数：3~6组。
- 各组间隙：＞3分钟。
- 示例：IK–攀石，最大强度的攀石。

指力条

指力条是在仰角悬垂的攀岩板上面安置不同形状的条状支点。它适用于悬挂训练，特别是在IK训练时，多安装在室内攀岩训练区，因为它对攀岩者的能力要求很高，所以只推荐训练有素的攀岩者利用它进行训练。此项训练的强度很高，容易受伤，因此从生理学角度出发，建议如下：在指力条上进行训练时，如果可以单臂锁定，那么每次悬挂都应是自由悬挂，而不是用力将肩膀或手臂屈曲处拉向指力条。

系统训练墙

系统训练墙的高度约为3 m，宽度约为1.5 m，它是可以变化倾斜角度的。支点的分布使得相同的攀登动作可以连续多次进行——通常是两次向右侧和两次向左侧。该设施还可以提供多样化的踩点难度。该类型的墙壁可以设置非常有针对性的训练强度。为了进行最大力量训练，攀岩者可以在攀登之前先向上再向

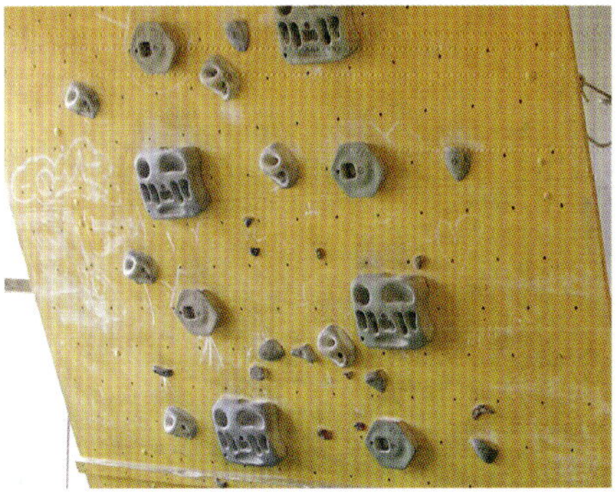

左图：指力条

右图：系统训练墙

下最后再向上攀登。此外，还可以在抓住下一个岩点之前保持在“高位锁定”位置2~3秒，但是此方式容易让攀岩者形成机器人般僵硬的攀岩动作。最后阶段的攀岩训练中动作应该正常、流畅。

补充训练

除了特殊的力量训练之外，任何一个能够在艰难的路线上攀登，并追求随着年龄的增长仍然能够达到一个令人满意的攀登目标的人，都应该进行补充训练。这是可持续的、利于生理健康的训练内容。补充训练包括保持或改善柔韧性和基础耐力训练，速度和特殊耐力训练，最重要的方面是对抗训练。

对抗肌群锻炼方法

训练力量的练习水平越高，练习越具体，额外的对抗肌群锻炼方法（主发力肌肉的对抗肌）所需的平衡训练也就越重要。例如，虽然攀登需要攀岩者整个身体协同，但很明显，手臂的收紧负荷比伸展负荷更常出现。

单侧负荷

攀岩者和健美运动员的体格差异一目了然。通常，攀岩者有更强壮的腰部，但胸部肌肉（胸大肌）和肩胛骨（包括三角肌、前锯肌）不发达。相比而言，健美运动有一个相对平衡的整体发展目标。

“为什么要做伸展负荷运动？”有的攀岩者可能会这么问，“从细节的角度来看，更准确地训练我所需要的动作更重要。”在短期内，这个想法是正确的，然而从长远来看，攀岩者可以通过做伸展负荷运动来矫正身形。

肌肉强度不均衡

持续的片面训练会导致肌肉强度不平均，容易使攀岩者的身体受伤，特别是在必须稳定应力异常的情况下。稳定需要肌肉发力，同时与对抗训练的目的相同，至少相应位置的关节要在生理允许的情况下正确承担负荷。如果对抗训练的次数太少，力量会被韧带和关节囊承担、吸收，这会导致攀岩者的肩部脱臼或半月板撕裂。

失衡训练也有可能出现超负荷状况，该状况是由频繁出现的轻微伤造成的。例如，长时间使某一侧的肩关节负重：肱骨在其支撑平面上来回滑动，这可能会导致炎症和持续性疼痛。还有证据表明，常见的上髁炎问题与手指屈肌和手指伸肌之间的失衡有关。上髁炎是与肘部、手部肌肉相关的肌肉组织的炎症。因为超负荷通常比伤害的影响更持久，所以应该通过适当的补充训练来防止它发生的原因。

对抗肌群锻炼方法可根据大阻力训练方法或多适应性大阻力训练方法进行。有些练习可以不需要任何设备，例如俯卧撑。在训练肩部时，弹力带会很有帮助。

所有可能有帮助的运动都可以引入训练。如果还有教练在场，可以向他询问具体的练习和正确的方法。

速度攀岩、加速力量

快速攀登可以节省体力，加速动态移动，速度攀岩与速度力量息息相关。在这种情况下我们应当怎样训练呢？经验丰富的俄罗斯速度攀岩者亚历山大·皮拉廷斯基这样说道：“把每次训练都当作一场真正的比赛！”在身体素质方面攀岩者面临着这样一个问题，即“这种训练是单纯的速度训练还是加速力量训练？”以最大速度使用手脚进行移动是纯粹的速度训练。速度必须在实际训练中得以提升，但是纯粹的速度练习有时并不能奏效。

加速力量

在攀岩运动中比速度更重要的是加速力量。不仅仅是速度攀岩需要加速力量，许多动态移动形式也需要加速力量——特别是在仰角或屋檐型岩壁上进行动态移动时。

力量可以通过最大力量训练来得到一定程度的加强。攀岩者用最快速度做肌肉收缩运动，以此来训练加速力量，同时用较缓慢的速度做反向肌肉舒张运动。这样训练刺激更高，受伤风险更低。等达到一定的力量水平，攀岩者就能在指力条上训练加速力量了。

柔韧性

良好的柔韧性，尤其是腰胯的柔韧性，在许多情况下可以帮助攀岩者节省体力。例如，在垂直岩壁中使用蛙式技术时，必须要将骨盆贴近岩壁。否则，身体重心距离岩壁太远，蛙式技术就无法起到作用，这样一来攀岩者就只能使用那些不省力的技术了。

特殊性原则同样适用于柔韧性训练。攀岩者应当将身体重心大部分放在胯部、肩部和前臂上。

主动或被动拉伸

训练中攀岩者可以主动或被动地拉伸。柔韧性训练可以以静态或者动态的形式完成，选择哪种形式完全取决于个人。在被动拉伸中可以让同伴帮助，通过重力或推力等外力因素获得拉伸刺激；在主动拉伸中，拉伸刺激则通过伙伴之间面对面的拉伸动作来产生。主动柔韧性远远低于被动柔韧性，人们将两者之间的差称为“柔韧度储备量”。

柔韧度

如果攀岩者的柔韧度储备量很小，则应当选择被动的拉伸方式，如果柔韧度储备量较大，就可以选择主动的拉伸方式，使效果达到最大化。

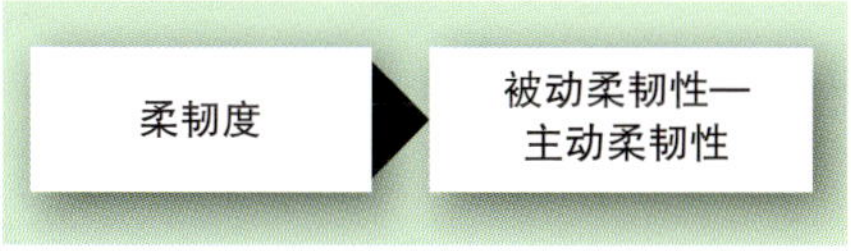

柔韧度的定义

疼痛边缘

在柔韧性训练中，“疼痛边缘”是一个非常重要的概念。原则上来讲，柔韧性训练所能达到的最大限度就是疼痛边缘。疼痛边缘并不代表着要达到使人无法忍受的疼痛程度，而是在原本愉快的拉伸感变成令人不快或痛苦的感觉时，这时就已经达到了“疼痛边缘”。

集中拉伸

短期的集中拉伸在提高敏捷性方面比其他的方法有效。不过集中拉伸会使肌肉更加紧张，也增加了高负荷运动可能造成伤害的风险。因此，在做热身运动时应当避免使用集中拉伸的方法。例外情况是高柔韧性带来的明显优势（例如，需要攀岩者大幅度伸展的路线）。在这种情况下，攀岩者必须权衡是否能够接受更高的受伤风险。

为了提高身体柔韧性，应该在训练期间规划好每次的拉伸运动并定期完成。这样做可以在训练的同时增加被动柔韧性最大值，如果方法得当，还可促进肌肉增长。

拉伸运动、摆动拉伸

拉伸运动属于静态拉伸。攀岩者在做拉伸运动时，应当慢慢地拉伸至伸展位置并保持（与热身运动相反）10~30秒。在“轻度拉伸”阶段，你应当保持在伸展位置，直到拉伸感明显减少；在“集中拉伸”阶段，你应当在大约10秒之后继续拉伸。摆动拉伸等动态拉伸技术在大众体育运动领域内很长一段时间都不受欢迎。因为，人们认为这种方式并不能提高自身的柔韧性，并且担心在拉伸时过度用力会对身体造成一定的伤害。目前，关于拉伸技术的评估方式与之前大不相同，拉伸运动

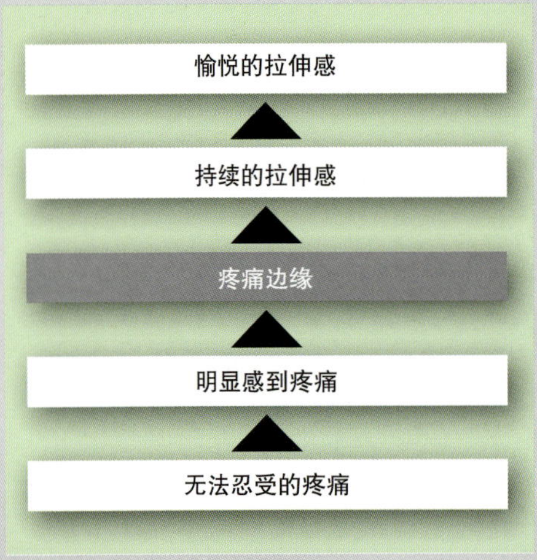

疼痛边缘绝不是你无法忍受的痛苦程度

攀岩者向高处摆动一条腿，根据特殊性原则这也属于动态拉伸

和摆动拉伸被视为等效技术。

在进行摆动拉伸时，每个肌群要做2~3组的训练，每组重复10次。下压拉伸要慢速进行，而颤动拉伸要以中速进行。应避免高速颤动，这会引起高力量峰值。

最新研究表明：拉伸运动与摆动拉伸相比并没有什么优势可言。这两种方式对攀岩者灵敏性的提高发挥着相同的作用。问题在于特殊性。在蛙式等技术中需要静态移动技巧，而在背腿成钩位，向上摆腿时，需要动态移动技巧。因此，在灵敏性训练中使用这两种方式都是可行的。

CHRS拉伸法和CO拉伸法

除了传统拉伸方法之外，还有两种被动拉伸的方法，即CHRS拉伸法和CO拉伸法。它们利用了神经反射原理，当攀岩者放松时，攀岩对抗肌先收缩，过程最多持续约5秒钟，这部分肌肉的收缩会让攀岩所需的主要肌群放松，肌肉因此可以直接得到更好地拉伸。拉伸动作要缓慢，并保持10~30秒。

CHRS拉伸法，即“收缩、保持、释放、拉伸”的肌肉拉伸方法。这个方法运用了所谓的肌腱反射，并分为几个阶段。首先须拉伸的肌肉要最大程度地收缩，并保持5秒钟。然后，迅速地释放并转为拉伸姿势。最后，保持拉伸姿势10~30秒钟。每个肌群要重复进行这一拉伸动作2~4次。

主动柔韧性训练旨在增强主动肌（起反作用力的肌肉）。当你的肌肉强烈收缩时，这部分肌肉会变得紧实或轻微颤抖。关于负荷参数，推荐参考大阻力训练方式或多适应性大阻力训练方式。

静态拉伸和动态拉伸方法基本上是等效的

耐力

虽然良好的耐力不会直接决定运动成绩，但会间接影响运动成绩，为了成功攀完路线，攀岩者也需要这种能力，也就是我们常说的“体能”。

在运动方面，耐力训练产生了许多令人满意的效果。静息心率降低，心脏的每搏输出率增加，随之血流量增加，血液的流动性更好。总而言之，除了更好的有氧性能外，这些效果还可以加快乳酸分解，从而在耐力负荷下提高恢复能力。此外，耐力训练可减少肾上腺素和去甲肾上腺素的释放，攀岩者从而更容易应对压力。最重要的是，免疫系统借此得到改善，降低易感性，即减少各种感染事件的发生。

有氧阈

耐力训练须保持在“有氧阈”以上的负荷区域。这时的压力导致肌肉开始产生乳酸。负荷值低于此阈值时，如散步，则不会触发身体主动调整。粗略地计算，此阈对应每分钟约130次脉搏跳动。

无氧阈

“无氧阈”指在乳酸生成和乳酸降解的过程中几乎不能保持平衡的状态。它代表着可以在较长时间内维持的最大负荷。无氧阈值每分钟心搏数约160次。

耐力训练实际上是有关体内乳酸水平的高低，通常使用心率作为训练的可观察衡量标准。当然也可以进行单独的乳酸测定，但是价格昂贵。虽然有点不准确，但对普通运动员来说已经足够确定某一瞬时心率代表其运动状态属于哪个阈了。这个公式包括年龄，并为确定训练频率提供了一个良好的基础。请注意，心率也与运动项目有关。不同的运动，不同的心率！

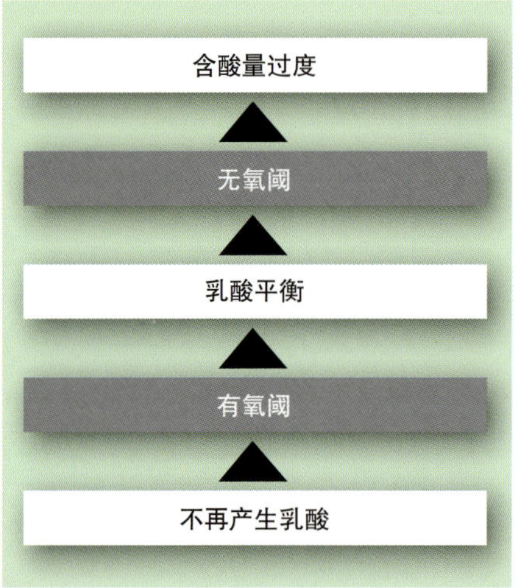

左图：有氧阈和无氧阈

下图：无氧阈的心率和有氧阈的心率

	心率
最大值	（220－年龄）
无氧阈	（220－年龄）× 0.85
有氧阈	（220－年龄）× 0.7

基础耐力

良好的身体能力为任何类型的运动提供了良好的基础，所有运动员都应进行适当的耐力训练。古多·科斯特迈尔对耐力训练的“最低方案”和“最优方案”进行了区分，可指导个人根据其倾向和所需能力资源选择培训内容。为了避免适应，训练内容会不断变化，并不会年复一年地进行相同的练习。

要注意，耐力是宽泛的概念，基础耐力指一般的，与运动类型无关的健康状态。为了在高水平上训练耐力，要增加训练范围并改变训练方法。

心率

越野赛跑、登山、越野滑雪或直排轮滑都可作为训练方式。第150页下图所给出的心率适用于跑步运动。对于自行车比赛或山地自行车运动，心率须再降低10~15次/分钟。

耐力训练

与力量训练相似，耐力训练也有很多不同的方法。对于广泛的耐力训练，受训者在无氧阈值区域的强化耐力训练期间选择有氧区域的强度。如果在训练期间保持相同强度，被称为同等强度训练。

在分散和集中的负荷间多次转换被称为“变化的同等强度训练”，即“间隔训练”。在这种情况下，5~10分钟的高负荷阶段与有氧阈值范围内的阶段交替。其他的负荷参数与集中有氧耐力训练中的一样。

由于能量周转率高，耐力训练也适合于减脂。在相应的长时间训练下，首先要推荐分散的方式。下面描述的其他训练方式也涉及脂肪代谢，也易于减脂。

攀岩动作可以如此优美

最低方案

- 每周总量：1小时。
- 训练时长：15~30分钟。
- 每周训练次数：2~4次。
- 有氧阈值和无氧阈值之间的一致强度。

最优方案

- 每周总量：3小时。
- 训练时长：30~60分钟。
- 每周训练次数：3~6次。
- 有氧阈值和无氧阈值之间的一致强度。

分散的有氧耐力训练

- 每周总量：5小时。
- 训练时长：75~150分钟。
- 每周训练次数：2~4次。
- 强度：略高于有氧阈值。

集中的有氧耐力训练

- 每周总量：约4~5小时。
- 训练时长：45~90分钟。
- 每周训练次数：3~6次。
- 强度：在无氧阈值范围内。

生态保护

生态问题

运动攀岩已经从一项小众运动发展成了大众运动。不断增加的攀岩馆数量激起了在大都市生活的人们的兴趣。许多参与者已经不满足于只待在室内攀岩馆，转而开始尝试攀登自然岩壁。与越来越多的攀岩者相比，可供攀登的自然岩壁的数量却非常有限，尤其是在中等高度的山区。在德国，可供攀岩的自然岩壁面积占不到总面积的1%。与此同时，自然岩壁是受人类影响的人文景观中未被开发的“孤岛”，它们拥有独特的动植物群落，小型生态系统极其敏感，在遭遇破坏后很难恢复。除了气候变化、污染物输入和技术干预外，来此放松身心的人们和攀岩运动员也会对自然岩壁造成生态破坏。

冲突和解决方案

早在20世纪80年代——德国攀岩运动“狂飙突进”时期，在德国的中等高度山脉，如弗兰肯山脉、多瑙河流域、埃菲尔山脉等部分攀岩地区发生过自然保护者和攀岩者之间大规模的冲突。其结果是引发了旷日持久的讨论和岩壁封禁。

基于“德国非阿尔卑斯山地区自然岩壁登山理念”，德国登山协会与其合作伙伴登山爱好者协会（德文全称IG Klettern）、大自然之友协会（德文全称Naturfreunden）以及普法尔茨登山者协会（PK）针对许多地区制订了可持续发展方案。然而，仍有部分地区至今尚未达成共识。

对于德国登山协会来说，责任并不是孤立的，2013年开始设立针对自然岩壁

人们骑自行车到达多瑙河流域上游的自然岩壁

的攀岩四级证书，旨在让室内攀岩者更加了解自然岩壁的环境特征。德国登山协会的所有培训课程都包含针对生态主题的专业知识培训课。

发展

尽管人工攀岩设施在不断地发展，攀岩仍然是一项源于自然的运动，并且依赖于公众可进入的自然区域，即岩壁地区。此外，鉴于土地使用面积的不断增加和不断更新的基础设施，可供攀岩的岩壁地区也需要一个接待区域。攀岩的环境问题值得所有的攀岩者思考。在接下来的内容中，我们提出了一些有利于环境可持续发展的攀岩方式，即从长远的角度将自然需求和人类利益相协调。在介绍了各自的问题之后，我们还将阐述一些潜在的冲突、权限和行为建议。

到达

通常，在享受攀岩之前，一些攀岩者会经历长途路程到达攀岩地点。尽管要忍受噪声、废气排放、交通拥堵等缺点，大多数人还是会选择私家车出行。一些位于中等高度山区的自然岩壁区域很难乘坐公共交通工具抵达，其实这只是一部分人的偏见。根本原因是他们认为乘坐公共交通工具会花费大量时间、速度慢和不舒适。攀岩者可能会在营地附近与当地居民产生矛盾。例如，攀岩者占用车道、农田、林地、草地或在私人停车位上停车。虽然许多地区已经颁布了攀岩禁令，但是游客数量还在不断增加，这给当地居民带来了越来越重的负担，并可能导致进一步的限制，我们应当避免这样的恶性循环。

冲突	权限	建议
抵达攀岩地点的旅途会加重全球环境负担。	在私有土地上停车须获得土地所有者允许。	推荐使用公共交通工具。可以将火车和汽车结合使用，也可选择拼车。
废气排放和停车不当给当地居民和其他游客造成不便。	如果土地所有者立有禁止停车的警示牌，攀岩者应当遵守。	选择符合实际的目标山区需要时长或者攀岩路线长度和路途距离应当保持合理的比例关系。
		使用指定的停车位。不要将车停在道路、草地和田地中。如果要将车停在私人土地上，需要询问土地所有者。

到达

在去攀岩地点的路上有许多当地攀岩和自然保护组织（AKN）的志愿者在劳动

接近岩壁

岩石会逐渐被风化。周边地区的土层较薄，覆盖地壳表面岩层的土壤厚度只有几厘米。因为地势陡峭和没有阻碍物，所以在岩壁区域的腐殖质沉积物比其他地区更易被雨水和大风带走。如果每个攀岩者都企图开辟一条新的登山路径，久而久之，就会形成一个难看的路径网，这些小径又成了水土流失的源头。十分明确的一点是，攀岩者应使用官方指定路径。精心设计的或加固过的登山路径能够最大限度地减少攀岩者造成的踩踏负荷，并降低对岩石周围动植物的破坏。

岩壁脚下

在岩壁南侧的屋檐型岩壁下或平台下经常可以发现一些可以避雨的沙土区域。这里是一些稀有物种的栖息地，例如蚁狮只能在这些地方建造它们特有的漏斗形陷阱；蜥蜴将温暖的沙丘作为繁殖地。在凉爽的背阴地区，棕色条纹蕨类植物或矮小苔藓等珍稀植物生长茂盛。一些昆虫和蜗牛，仅在德国此类地区生活。这种生态小角落容易被忽视，人们稍不注意或者不了解，就会导致它们被不可逆地摧毁。

冲突	权限	建议
踩踏会破坏植被和许多微小生物的生存空间。	在所有的保护区（如国家公园或自然保护区）都有专门的道路规定，不可以偏离所规定的道路。	获取并重视关于登山路径的信息说明。
小径会导致该地区水土流失，特别是当它们垂直向上时。	某些植物种类受法律保护，即使它们不生长在保护区内。根据德国《联邦自然保护法》规定，半干草原、砂砾区及岩壁属于特殊保护群落生态区域。	使用标记和固定好的路径，不要抄近路。
混乱的路径网会增加踩踏压力，导致更大范围的破坏。	不经许可禁止进入私人土地。如果私自进入农业用地，土地所有者有权要求进入者赔偿农作物的损失。	尽可能不要踏入农业用地。如果不得不进入，请沿着田地边缘走。农民往往是岩壁所在地的土地所有者，要与他们和谐相处。

接近岩壁

踩踏破坏、乱丢垃圾

虽然攀岩者对攀登区域造成踩踏破坏是不可避免的，但是要让遭到破坏的区域面积尽可能小，因此清楚的分界线非常有用。由于人们环保意识不断增强，在今天的攀岩区域发现的垃圾已经远远少于过去了。

尿液

据统计，土壤的富营养化（即土壤中的营养物质，尤其是氮含量，不断增加）已经十分显著。在准备攀岩前，攀岩者往往需要“方便”一下——像荨麻、白屈菜和蒲公英这样需要氮的植物由于持续的土壤富营养化而蔓生，并且取代了原来的适合在贫瘠土壤中生长的植被。

清除岩石植被

为了使岩壁脚下变得更加舒适，并且不被遮挡，生长在岩壁脚下的树木常常被砍掉。当然，没有土地所有者的同意，这种行为是被禁止的。清除植被大多是由政府下令执行的。一方面，从生态角度考虑，可以保护原有的较贫瘠的草原或特殊的岩石植被的生物多样性。另一方面，从前遮蔽的山崖再次可见，旅游景观得以恢复。这些措施通常也保护了攀岩者的利益。裸露的岩石干燥得更快，此外，攀岩者在攀岩过程中还可享受到明媚的阳光。

蜥蜴将攀岩区域中干燥、阳光充足的沙地当作繁殖地点。它们很少出现在阿尔卑斯山以北的地区

冲突	权限	建议
攀登区域的踩踏负荷会造成植被破坏、土壤压实和水土流失。	不是所有人都可以砍伐树木，事先必须征得土地所有者或该保护区的林业管理局及下属自然保护机构的同意。	不要留下任何垃圾，包括烟头。
生活在此区域中的动物会受到不利影响。它们的生存空间会由于土壤被压实而遭到破坏。		不可在岩壁区域大小便，可使用公共厕所或将其掩埋在树林中。
依赖于贫营养环境生长的植物会大量丧生，一些少见的特殊的植物数量日益减少。		当人数较多时，不可直接在岩壁脚下设置集合地点，储存装备物资。

岩壁脚下

蚁狮是蚁蛉的幼虫，是与蜻蜓相类似的小型脉翅目昆虫

在屋檐型岩壁下的干燥沙地中经常可以发现蚁狮建造的漏斗状陷阱

岩壁

与沼泽、原始森林和河流相比，岩壁通常是未被开发的原生态地区，具有无可比拟的独特性。因为沼泽、原始森林和河流在德国甚至整个欧洲不是退化了就是消失了，即使那些我们感觉是原生态的地区也在这百年以来被打上了人类活动的烙印，成为人文景观。

专家们把这些岩壁地区称为“孑遗环境”。在大约1.2万年前的冰川时代，很多阿尔卑斯山脉和斯堪的纳维亚半岛的植物物种退回欧洲中部的无冰区。

之后气候再次变暖，很多竞争力强的物种夺回了生存区，比如欧洲山毛榉。在中部山崖地区只有“冰川时期孑遗植物”才能生存。尽管部分岩壁的海拔不是很高，只有中等高度，但是仍跟高山生态系统有相似性。昼夜交替和四季变化时会出现巨大的温差。阳光照射率、水资源密集度和风向指数都会影响植物生存。

动植物

阿尔卑斯山的原生物种包括来自地中海地区的喜温的孑遗植物和一些来自

冲突

- 对当地居民和在此孵卵的鸟类造成干扰。
- 对路线进行“清理”破坏了物种的多样性。
- 在生态休养区“开发”路线破坏了物种多样性。
- 因使用镁粉给岩壁造成破坏。

权限

- 根据德国《联邦自然保护法》第20条，岩壁具有保护价值，禁止破坏。
- 许多禁止攀岩区是为了保护鸟类，如雕鸮、游隼、渡鸦、寒鸦，还有很多昆虫、爬行动物和在红色濒危物种名单里以及其他受《欧盟自然保护法》保护的植物。
- 攀岩者必须遵守保护区（比如自然保护区、国家公园）和特别设立的保护地点的保护规则。

建议

- 区域性原则和“差异性规则”不仅保护了生长、居住在自然岩壁上的动植物，还为确保攀岩能够长期持续性开展做出了重要贡献。德国登山协会和登山爱好者协会在互联网、攀岩导引书和火车上的布告板上都发布了最新进展和安排。
- 必须和当地管理者进行沟通来了解最新消息。不允许破坏植物。
- 在深色的岩石，如砂岩、斑岩或花岗岩上只允许少量使用或者按照当地规定使用镁粉。

岩壁

欧洲东北部西伯利亚大草原的植物。因此，在中部山崖地区往往生存着罕见物种。生长在高海拔的攀岩区的植被会被破坏；新开发的攀岩路线往往会进行“清理”（去除植物）。有时这种做法也会使一些罕见物种成为“牺牲品”。在“清理”工作完成之后，这些物种便会消失，因为风雨把它们最后的生存环境也“抹掉”了。

与这些山崖环境相适应的，除了植物还有许多动物。蜗牛利用山崖上的石灰岩获得生长外壳所需的碳酸钙，并以苔藓为食；爬行类动物如蜥蜴，它们同时也是非温血动物，充分享用在山崖上阳光的温暖。很多山崖上的昆虫直接以植物为食。寒冷的冬天，当山崖向阳面在美丽、阳光明媚的日子里升温时，蜘蛛就会兴奋地跳来跳去。

左图：游隼。由于自然保护者和攀岩者的持续努力，它们的数量得以提升。在70年代末，这种迷人的猛禽在德国差点灭绝

右图：渡鸦。作为德国本土最大的鸦科鸟类也再次在德国缓慢地繁衍开来

左图：雕鸮（一种猫头鹰），作为德国本土最大的猫头鹰品种，它喜欢在偏僻的岩石区域或废弃的采石场来繁殖和饲养它们的幼鸟。全年封锁岩壁通常是为了保护雕鸮

右图：生存在多瑙河谷上游的寒鸦，在德国中部山区，它们具有一种非常罕见的岩石孵化习性。不要把它和黄嘴山鸦搞混了

直接利用树木下降会损伤树皮，尤其是树皮较薄的落叶乔木，对此更为敏感

鸟类如游隼、雕鸮、渡鸦和寒鸦把小洞穴作为筑巢繁殖地。蝙蝠生活在较大的洞穴里，睡鼠在避雨的岩石缝里饲养后代。在繁殖和喂养雏鸟的时期（春、夏季），山崖上的鸟类非常敏感。攀岩产生的干扰可能会导致鸟类放弃孵化雏鸟，从而失去一条生命。

镁粉

一个美学方面的问题是镁粉的使用。使用镁粉会在深色的崖壁上留下清晰可见的攀岩痕迹。许多非攀岩者和传统攀岩者认为这些白色印迹破坏了崖壁的整体美感。在一些攀岩地区，如砂岩区，一般禁止使用镁粉。在普法尔茨州的板砂岩上，只有在攀登难度大的路线时才允许使用镁粉。

差异性规则

在一些经常进行攀岩运动的地区，差异性规则可以满足攀岩运动的环保要求。以自然空间结构、保护价值和使用程度为导向而产生的“差异性规则”不仅保护了生长、居住在自然岩壁上的动植物，还为确保攀岩能够长期持续性开展做出了重要贡献。从弗兰肯汝拉山脉北部发展起来的三区概念是一个很好的例子。区域1 生态休养区：不允许开发新路线或攀登旧路线。区域2 自然保护优先区：允许攀登到顶环的位置，不允许再继续向上攀登翻上岩壁顶部。区域3 攀岩优先区：在植被区域外，可以利用顶环开辟新路线。在划分区域的自然岩壁上，各个区域都会贴有相应的标志。除此之外，还有叉号、箭头符号，它们被贴附在山崖上，标记了允许

左图：黄花眼睛和白色的苔景天（下方）是典型的孑遗植物的代表。苔景天厚厚的肉质叶片可用作“蓄水器”，是该植物适应温暖干燥环境的表现

右图：多瑙河上游的阿尔卑斯山区域。除了中部山崖地区，天牛只出现在阿尔卑斯山超过700 m的温暖向阳的山毛榉森林中

下图：叉号和箭头用来标记禁止攀登和可以攀登的区域。箭头指向可攀登区域，若指向右边，则右边为可攀登区域

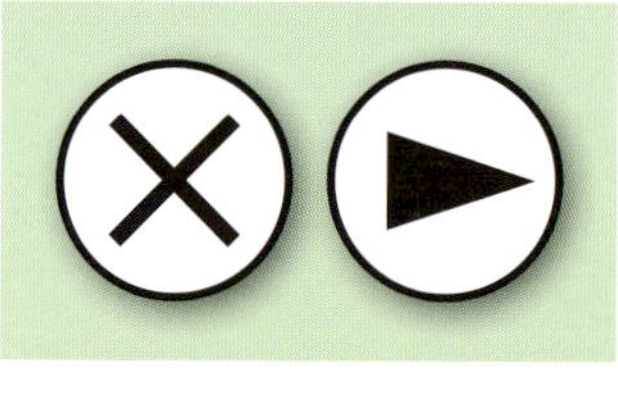

攀登的岩壁区域。有时这些符号也用于标记攀登指向路线。

岩壁顶部

在独立的岩壁顶部生长着一些特别珍贵的植物。山崖顶部有着极端的环境条件，跟高山或者半沙漠的环境条件一样：夏季炎热干燥，冬季寒冷多风。只有非常特殊的植物才能应对这些极端条件并在这里茁壮成长。因此，大多数植物都有储水、蒸发保护、耐热、抗辐射的适应性能。大叶植物、急速生长植物在这里都无法生存，如蒲公英。在中部山崖顶部生存的植物就是所谓的孑遗物种，在过去的气候变化时期这类植物从阿尔卑斯山脉和地中海地区迁移到了这里。

因为石灰岩容易风化溶解，所以石灰岩顶部比砂岩、花岗岩拥有更好的养分供应。在石灰岩上生存的生物种类更丰富。石灰岩壁是德国一些稀有植被和受到高度保护的植物种群的生存家园，同样也是珍稀动物的生存家园。

在岩石顶部和中部山崖的边缘处生长着珍稀植物

踩踏破坏

在经典攀岩路线的出口处会经常看到一些过去造成的踩踏破坏场景。大部分路线都配有顶环装置，并且攀岩者不能超过顶环到达岩顶。你可以在山崖小路上的观景点感受一下该地区的踩踏负荷。你只能在封锁线的两旁看到原始物种，多么悲伤的画面！当你小心翼翼地接近保存完整的区域观察植物时，那时候即使你是外行也能感受到这个小小的“岩壁花园”的魅力。

冲突	权限	建议
破坏石灰岩上的植被。	根据德国《联邦自然保护法》，干草坪和岩壁植物群受法律保护，不允许受到严重人为的伤害。	大多数攀岩地区配备着顶环和顶链，这已经是一种常见做法了。因此，一方面保护了岩顶植物，另一方面方便了攀顶者解除装备。
伤害动物。		如果没有现成的顶点保护，山顶应用树桩上的吊环一类装置做顶。
使用岩面旁生树木并破坏顶绳。这种破坏在极端情况下可能会引发死亡事故。		攀岩者如果进入了山崖顶部，记得要保护植被。在下降时要通过树木和干草坪，不要走斜坡路线。扁平的蛇形蜿蜒路线发生水土流失的可能性较小。

过夜

无论是在房车里过夜，还是在帐篷里过夜，抑或是只带着垫子和睡袋在岩壁下过夜，都充满了浪漫情调。但通常在景区、自然保护区、国家公园这些地方是禁止过夜的。除这些保护区之外，在其他地方露营也是须经过当地人同意才可以。虽然个别案件可以被容忍，但一旦事件累积到一定量，冲突就会在所难免。

篝火、垃圾、粪便是野外过夜地点的高频卫生问题，令所有游客恼火。噪声、大型团队以及毫无秩序地停放车辆给当地人和遵守规则的使用者造成了很大困扰，如猎人、林业管路员或农民及当地住户。此外，野外露营并不会对当地的餐饮业和旅游业产生推动作用，这种现象使攀岩者的露营行为更难被当地人接受。

除了上述社会性问题，野外露营还会产生生态影响。一些生活在岩壁上的动物，它们在白天躲藏起来，直到夜幕降临时才开始变得活跃。这些动物包含一些稀有物种，如雕鸮和生活在山崖洞穴里的蝙蝠。在山崖附近露营会干扰到夜间活动的动物，尤其是在仰角山崖下或者山崖洞穴里生火，烟雾会破坏蝙蝠的栖息地。另外，岩壁被熏黑污染后，如果不进行昂贵的清洁处理，那这片儿岩壁就不能再攀登了。很多情况下导致岩壁被封锁的原因并不是攀岩运动本身引起的，而是攀岩者个人的“非社会性”“非生态性”行为造成的。

冲突	权限	建议
在山崖上过夜会扰乱生态系统。夜间活动的动物会受到影响。	在帐篷或者房车里面过夜，以及生火和照明的行为，不在“自由使用大自然”的权利之内，对于此类活动你需要得到当地相关人员的批准。	在专门的露营地露营
当地居民和其他游客会受到影响。	在自然保护区内，搭帐篷和生明火必须得到地区行政部门的许可。	不在保护区内野营
	在国家公园、自然保护区、受保护的自然景观、受法律保护的生态区以及水资源保护区禁止搭帐篷和生明火。	只有在所有者同意下才能在私人场所露营
		不留下任何露营的痕迹
		避免产生噪声

后期评判

这本书中所提及的所有攀岩内容都经过充分实践得出。但这些内容来自于何人呢？

就我个人而言，虽然自己年事已高，但还有进步的空间。同样，虽然这本书的大多内容都是直接来源于我，但很多情况下，我并不是这些攀岩内容的研发者。我衷心感谢那些给我反映他们攀岩时想法和观点的人。此外，我还要感谢那些帮助我编成这本书的人——模特、摄影师、编辑、美工师。正如前言所提到的，这本书描述了德国登山协会的攀岩教义。因此，在这种情况下需要对“教义”这个不太恰当的词语做一个简短地说明。

我们应避免偏激，很多情况下，同一件事情我们可以有多种不同的做法。虽然这本书中讲述的攀岩技术是当前很先进的，但是不应该被教条化。教条主义会阻碍攀岩运动的发展。

除了特殊的攀岩内容外，本书的生态部分还提出了一些建议，倡导人们去发现岩壁上的新事物：宁静美丽的自然风光、珍稀的植被、既充满好奇又做好逃跑准备的小壁虎。环境影响我们攀岩时的情绪，我们没有考虑到的因素会比不公正的攀登成绩更能影响我们的攀岩质量。

米夏埃尔·霍夫曼

凯撒山脉的日落。不过，并不是所有的傍晚都是这样的

练习

练习目录的主要作用是交流概念。这些要点概述可以帮助攀岩者尝试新方式，并且进一步创造性地发展既有训练内容。

这个目录的目标绝不是固化攀岩课程和技术培训的内容，或定义具体内容。所有技术都很重要，包括那些没有给出明确示例的技术。这些练习按字母顺序排列并用缩略词描述其特征。

关于练习特征描述的缩略词

E：初级阶段，通常也适合儿童。

F：中级阶段，包括部分技术学习，部分技术训练。

K：高级阶段，技术培训，经常有附加任务。

S：攀岩游戏，针对所有年龄段儿童的练习形式。

W：竞技或专门针对竞技比赛的练习。

V：练习方案，多为独立练习，有时按练习顺序练习。

G：练习场地，有时附加安全提示和对练习地点选择的建议。

（1）从中间下降（EFKS）

在地面上有限的区域练习。所有参与者的任务是，一直在限定区域内移动，并注意不要与其他人有身体接触。

V1：如上所述，两人一组的团队需要互相追逐，在前面的人要试图摆脱后面的人。

G：平地上，划界区域。

（2）下攀（EFK）

攀岩时，熟练掌握新下攀技术意味着安全！根据不同的岩壁类型或以学员能力为导向提前确定不同的下攀方式。

V1：根据地形改变技术。

V2：在上攀路段采用正身下攀技术。

V3：出于策略性考虑，正身下攀在攀岩路线中也是重要的一环。有些难度大的攀岩路线需要快速上下。

V4：下攀途中经过岩壁上难以看清脚点的岩壁凸出部分。

V5：向上攀登后，紧接着盲攀下去。

G：选择能够提供很多简单路线的攀石区域。在岩壁上，可按顺序进行多人下降（已到达地面的人可在后方队员到达地面前进行攀石保护），也可选择带有较短的仰角部分的折角岩壁。正身下攀也适用于难度较大的攀岩路线。

（3）不受干扰影响（KW）

模拟动态跳跃比赛，设置三种不同的动态跳跃方式。攀岩者的任务是，最多尝试两次就要成功控制支点。每次动态跳跃都有两个目标点，两次尝试后到达其中一个点就算成功。另一位观看者要利用言语分散他的注意力。

V1：攀岩者清楚地了解攀石的定义。当一个人在攀石时，另一个人努力通过告知错误的手点来干扰他的攀登。

V2：同样的干扰练习，此时攀岩者要用能力极限尝试攀石路线。

V3：使用其他的干扰方式，如手机铃声、遮光、突然的强力照明以及用喷壶喷水。

G：按能力选择。

（4）不同步（FK）

攀岩时，攀岩者手部较快运动，脚部较慢运动。

V1：攀岩时，脚部较快运动，手部较慢运动。

V2：右手和右脚较快运动，左手和左脚较慢运动（或相反）。

V3：右手和左腿较快运动，相反一边较慢运动（或相反）。

G：按攀岩能力选择。

（5）呼吸（EFK）

有意识地进行10次吸气和呼气。紧接着正常呼吸，并观察呼吸和脉搏的变化。

V1：集中呼气。观察身体的力量储备变化。

V2：集中吸气。观察身体的力量储备变化。

G：地点随意，也可选择攀岩路线中的休息点。

（6）各就各位（EFS）

所有人在地面准备好。裁判员喊出一种颜色的名称，所有人开始攀登。目标是紧握此颜色的手点，而脚点随意。谁的脚最后离开地面，就自动成为下一位裁判。

V1：所有人紧贴岩壁。裁判员提前告知下一步动作（如右手握住绿色的岩点）。看看谁能够坚持完成这样的指令最久。

V2：所有人坐在垫子上围成一个圈。一个人提出一个任务（如向后翻滚，接触到黄色的手点）。最先到达目标的人可以提出下一个任务。

V3：所有人抓握指示地内指示的岩壁部位，并且在那里开始双脚离地，向上攀登。

G：面积较大的攀石区。最好选择简单的地形或在柔软的垫子上。

（7）树木攀登练习（EF）

用手臂抱住在仰角岩壁上的倾斜的树木。双脚踩在树上，动态摆动，双手向树的高处和深处抓握。

V1：一只手臂运动。

V2：采用伸直双臂的方式移动。

G：选择倾斜的树或布满手点、接近地面的仰角岩壁。

（8）加点攀岩（EFS）

前一位受训者未触碰到的手点不可以使用；完成所有前人使用的手点后，要抓握一个新支点。

V1：每个手点的高度要高于前一个（向上攀登时）。

V2：每个手点的位置要位于距离前一个较远的侧方向（在横移时）。

V3：之前未触碰到的脚点不可使用。

V4：脚部在寻找新脚点的过程中，若碰触到岩壁，必须在此处保持不动，必要时可依靠摩擦力攀登。

G：按攀岩能力选择。

（9）提示盲攀（ES）

顶绳攀登或攀石。盲感手点和脚点进行攀登（没有提前察看）。

V1：根据提示盲攀。

G：按攀岩能力选择。

（10）自主盲攀（FK）

顶绳攀登或攀石。逐渐适应盲攀移动，接着自主盲攀。

V1：对路段的熟悉程度要达到能够非常准确地说出手点、脚点和动作，再开始盲攀。

V2：逐渐增加路线长度，最终可以盲攀较长的连续路线。

V3：只能睁眼观察一次，紧接着再次开始盲攀。

V4：观察同伴的攀登过程2~3次后，开始盲攀。

G：按攀岩能力选择。地面以上较低区域。

（11）攀石横移（FK）

一组实力都很强的攀岩者，为每个人规定一段横向攀石动作。第一个人的结束手点是第二个人的起始手点，或者互相示范一段攀登过程并且各自练习。

V1：单个路线段落攀登。

V2：流畅攀登多个段落。

V3：流畅攀登整条路线。

G：攀石区域。

（12）身体桥（E）

在夹角之间双脚撑起和远距离双脚撑起。

观察任务：当在这个位置的时候，攀岩者的手在做什么？

V1：在夹角之间形成一座桥（胳膊在岩壁1，脚在岩壁2），然后转向。

G：攀石区域（适当距离）、夹角、宽缝。

（13）字母（ES）

在攀岩位置，将身体塑造成一个字母。其他人必须猜出字母。

V1：用连续显示的几个字母组成一个单词。

V2：多个参与者用字母组成一个单词。

G：从正角度岩壁到垂直岩壁。

（14）原景重现（F）

自主攀登短路线，紧接着再次攀登同一路线。同伴观察两次动作是否完全一致（必要时可以录像），然后同伴开始攀岩，使用另一个自己定义的攀岩动作序列。

G：攀石区域。

（15）对侧单脚技术（FK）

手抓在起始手点和辅助手点上。

和起始手点相对的脚依靠脚外侧发力。第二只脚悬在空中。松开辅助手点，同时尽量不要晃动。

V1：伙伴来回摇晃攀岩者，直到感觉位置稳定了。

V2：从单脚技术的位置开始练习侧身动作。

V3：在仰角岩壁选择相适应的脚点，参考“与目标手点相对的脚点”。

V4：在仰角岩壁选择相适应的脚点，参考“与起始手点受力方向相对的脚点”（摩擦点）。

V5：在仰角岩壁尝试最大有效控制范围，参考“绷紧身体”部分。

G：不同倾斜角度的仰角。

可选择向左或者向右的侧身手点，但注意脚点应位于手点垂线下。在直角和轻度倾斜的仰角岩壁必须选择相对手点垂直方向的脚点。

（16）连续动态（FK）

两个好的脚点和四个手点（两个在高处，两个更高，稍后用于定义动态目标点）。连续动态。

V1：随着节拍进行运动准备阶段。

V2：运用波浪运动发力。

V3：熟悉动作提高成功率。

G：从直角到轻度倾斜的仰角。

（17）翻上（F）

要逐步增加难度。视情况而定：翻上位置或完全站立（如有必要，将支点安装在平台以上）。

V1：上半身可以向前移动到无法再向前移。

V2：仰角岩壁翻撑，找出手的最佳支撑位置（向内向外旋转）。

V3：在仰角岩壁上的撑起（撑起后不可能提供脚部支撑）。

V4：预习，辅助器械练习（单杠平衡木等）。

G：直壁上带有可翻上平台的低矮攀石区域。有连续的阶梯平台或良好支点的圆角的岩壁。仰角岩壁用于难度更大的练习。

（18）**动态换脚**（FK）

在规定的小脚点上锻炼动态换脚技术。用手轻轻抓住手点，或者只是把手放在墙上以保持平衡。

V1：与静态换脚相比，动态换脚显著地减轻了负担。

V2：双脚在同一个脚点上来回动态换脚。

V3：静态换脚与跳跃动态换脚。

V4：地面练习，即双人相对握手保持平衡。攀岩者必须把一只脚动态跳起后放在另一只脚曾放过的地方，同时保持平衡。

G：从正角度岩壁到垂直岩壁。

（19）**动态对比**（FK）

练习在动态移动动作曲线的最高点抓点时的协调性和快速稳定身体。对比任务：早抓点对比晚抓点。

V1：对比任务——短加速路径与长加速路径。

V2：对比任务——软加速与硬加速。

V3：对比任务——静止状态对比从摆动中出发。

V4：对比任务——从好手点移动到坏手点对比从坏手点移动到好手点。

V5：从摆动开始，对比在摆——在此过程摆动时，将蜷缩身体和展开身体对比。

G：不同倾斜度的仰角。为了强制动态发力降低起始手点的大小或者提高目标点距离。通过相应的深度踩点发力跳跃。

（20）**单手攀岩**（EFKS）

在指定横移路线上单臂攀登，并且尽可能安静地攀登。

V1：在正角度岩壁上，为了保持平衡，可以用空出的那只手的手指进行支撑。

V2：在正角度岩壁上，空出的那只手拿着一把汤勺或者类似的东西。

V3：成功横移后将汤勺交给路线一端等待的队友，队友开始反向横移，如此往复。

V4：在正角度岩壁上，用慢动作移动脚。

V5：在仰角岩壁上，轻轻地动态抓点。

G：倾斜60°~90°的岩壁。攀石横向移动或者顶绳攀登。

（21）**侧身技术**（EF）

练习侧身技术在不同情况下的技术要点。先是简单的攀石，然后是较复杂的情况（大幅度移动、交叉手、仰角）。

V1：注意正确的踩点高度。对比侧身技术与正身技术。

V2：注意要“伸直手臂”（保持肩部动作固定）。

V3：关于髋部移动的运动指导。

V4：伸展测试，即在某一特定位置，攀岩者可以正身向上伸多远，侧身又能伸多远（仰角岩壁，存在多个踩点）？

V5：初步练习，即攀岩者正身面向墙或树站立。队友可触碰其左肩，攀岩者则将重心移至左脚，左手模拟发力抓点，右手向上伸展，同时双脚模拟侧身位置，身体开始侧身扭转。

G：先是在垂直岩壁上练习，然后是小仰角岩壁。选择向右和向左侧身抓点。交叉手需要更大幅度的侧身。尝试各种踩点位置和较大的目标点距。

（22）接球（EF SW）

攀岩者接住其他人扔给他的球或其他物品。

V1：尝试从更远的距离抛出一个球（较轻的垒球）。攀岩者可以避开或者尝试接住球。

V2：更多的投球。规定投球距离，任何人都可以参与。被投中或脱落的人会成为投手，第一个接住球的人就赢了。

G：从正角度岩壁到垂直岩壁。

（23）复攀（FK）

一个同伴尝试攀登难点或者勘查整条路线。双方一起制订适合双方各自特点的方案。后攀者可选择最适合自己的方案。

V1：两个同伴各自独立设想一个攀石动作序列（测试）。然后，双方共同使用一个已经商榷的攀岩动作序列进行攀登。

V2：复攀，同伴不预先告知双方动作序列就开始攀登。

V3：与上一个环节的练习相同，但观看者到岩壁的距离要适当（比如5 m）。

V4：一位同伴在另一位同伴不明白的情况下向他解释线路难点。第二个同伴必须了解难点情况和线路概况。

V5：三人组。第一个人向第二个人说明线路信息。第二个人解释给第三个人听。如此循环。

G：大范围的攀石区域。

（24）移动（E）

通过重心移动减轻某一只脚的受力直至受力消失。

V1：尝试减轻单脚负担，但不通过转移重心来进行，重心始终保持在中间。

V2：在到达下一个脚点之前，每隔两秒钟就静止一次。

V3：慢动作攀登。

G：在正角度岩壁上、顶绳攀登或者攀石。规定每次重心移动的位移距离（如50~80 cm）。

（25）固定脚（F）

保持脚点位置，并以相同的脚点位置多次抓握新支点。

V1：练习同上，用脚组合踩点和钩挂。

V2：在脚点位置相同的情况下，尽可能远地抓点（开始和结束时选择离脚更近的岩点）。

G：仰角岩壁或者屋檐型岩壁。

（26）反向移动（ES）

两个攀岩者在相反的方向交叉路线攀登，并且必须以同样的高度绕过对方。

G：从正角度岩壁到垂直岩壁。

（27）同侧单脚技术（FK）

手抓在起始手点和辅助手点上。和起始手点同侧的脚踩点，第二只脚悬在空中（不要摇晃），去抓下一个岩点。观察身体是否稳定。

V1：采用后剪刀式动作并且把脚悬在空中（直到感觉位置稳定了），继续抓点。

V2：脚在前面交叉并且把脚悬在空中（直到感觉位置稳定了），继续抓点。

V3：感受同侧单脚技术与对侧单脚技术相比有哪些好处。

V4：主动背腿的同侧单脚技术与侧身踩点技术组合使用。

G：不同坡度的仰角路线。

左右手交替侧抓点，选择仰角攀石区，以便自由脚可以晃动。

（28）口令抓点（FS）

在同伴的口令下，以指定的方式去抓下一个手点（如摩擦、扣）。

V1：在同伴的口令下，以指定的负荷方向去抓下一个手点（如拉肩）。

V2：在同伴的口令下，以指定的手指动作去抓下一个手点（如挂、摁、扣）。

G：近似垂直的岩壁。同伴攀石保护。

（29）受限制的抓点（FK）

通过限制抓点的类型去练习攀登。如主要利用拉肩动作或只允许使用拉肩动作、反提、捏点、摩擦、反撑。

V1：分别用五根手指、四根手指、三根手指、两根手指练习攀登。

V2：只用手指悬挂攀登。

V3：用拇指把乒乓球固定在手心并攀登。

G：从垂直岩壁到仰角岩壁。练习不同类型的抓点方式。

（30）抓点强化（F）

每个人都有自己存在问题的抓点方式，如捏点、摩擦、指洞，给每个攀岩者量身打造一条由“问题点”组成的路线，让其进行大量练习，同时让其在自己的薄弱处用积极的词汇暗示自己，如不是“问题点”而是“有趣的点”，不是“很差的”而是“很好的”捏点，不是“我不行”而是“我能轻松地控制住”。

V1：用“有趣的抓点方式”横移。熟练地、正确地抓握岩点，也可以双脚站立在地面上练习抓握岩点。

V2：在两个“有趣的岩点”上悬挂2~4秒钟。专注于自己在岩点上悬挂而引起的积极感受，否则你很难克服你的薄弱点。

V3：练习有两个“有趣的岩点”的攀石。

V4：练习有多个“有趣的岩点”的攀石。

G：攀石区。有较多的手点选择。如有需要连接其他的攀石岩壁区域。

（31）橡皮糖练习（ES）

把橡皮糖藏在岩点上。让孩子们去找橡皮糖。

V1：在较难攀登的岩壁上约定一个岩点放橡皮糖（能让孩子看见），并且孩子们有能力拿到橡皮糖。

V2：让孩子自己在一个较难攀登的岩点上放置橡皮糖，并去拿到它。

V3：孩子们共同研究拿到橡皮糖的方案。

G：视情况而定。放置攀石垫。

（32）提升腰胯臀（F）

练习身体从低绷紧状态（骨盆较低）到高绷紧状态（骨盆朝向岩壁）的转化。观察任务：什么时候腰胯收紧处于省力状态，什么时候放松处于省力状态。

G：大仰角路线或屋檐型岩壁。

（33）伸直手指（FK）

攀岩者仔细观察给定的交叉手动作设置，并注意应该怎么去抓握目标点。跟同伴交流动作方案；同伴应确认抓点方式，或者留意是否存在其他的抓点方式。

G：垂直岩壁到仰角岩壁。练习不同抓点方式。

（34）你制订攀登计划了吗？（F）

为攀石或者路线攀登制订计划。描述攀岩流程然后去实现它。

V1：如上所述，但是运动计划应在距离岩壁5 m外制订。

V2：在距离岩壁5 m外制订攀石计划。

G：攀石区或路线攀登。

（35）往复攀登练习（FK SW）

同一个人反复攀登同一区域。去时用到的岩点，在返回时不能再使用。

V1：同伴标记攀岩者使用过的岩点，并留意使用过两次的岩点。

V2：谁往复攀登的频率最高？

G：攀石多角度区域。根据个人能力选择岩壁的陡峭程度。

（36）难度评价（FK W）

练习的目的是提高你在团队合作攀岩或者个人单独攀岩的主动性和自信心。但是不应该频繁使用这项攀岩技巧，否则“技巧”将失去它的作用。

V1：攀登已被评价过的经典路线。

G：各个分级标准不相同的攀岩馆。可以利用所有评价标准，若比赛前在该攀岩馆里练习过，对大厅里路线难度的预测将会更加容易。

（37）间隔性攀石练习（FK W）

4~6名攀岩者（偶数人数）。每个人设定一条攀石路线并向其他参与者解释。在第一个阶段（4分钟），所有奇数编号的攀岩者攀登路线，其他人担任裁判。下一个阶段则是偶数编号的攀岩者攀登，奇数编号的攀岩者担任裁判。

经过2×4（分钟）的练习后。换组去攀登下一条攀石路线。这样就可以间隔性地把所有攀石路线尝试一遍。

V1：能力强的攀岩者得到奇数编号（奇数编号完成看攀）。

V2：所有奇数编号的攀岩者经过每次的间隔性练习后去下一个更高难度的攀石路线，所有偶数编号的攀岩者经过每次的间隔性练习后去下一个更低难度的攀石路线。这样所有攀岩者都可以完成看攀。

G：较大的攀石区，攀石垫。

（38）钩挂（K）

沿着屋檐型岩壁边缘做5~10组移动练习。首先正常攀登到路线起始位置，路线中脚只能用来钩挂（脚跟挂，脚面钩）。任务是记牢顺序。然后是戴着眼罩攀登。当你到达起始位置后先从抓点开始练习。

V1：多次练习，直到盲攀和正常攀的感觉一样。

V2：感觉任务，即身体稳定是什么感觉，脚部受压是什么感觉，髋部如何运动。

V3：只有特定的岩点可以钩挂脚。

V4：盲攀竞速。

G：攀石区域的仰角岩壁边缘或屋檐型岩壁边缘。攀石垫。

（39）拍手和抓紧（EF S）

在稳定的位置上可以放开双手，双手拍击然后去抓点。

V1：在身体背后拍手。

V2：多次拍手。

G：初学者应选择在正角度岩壁上，中级阶段的攀岩者应选择在垂直岩壁上。

（40）加点翻上（EF SW）

在须翻上的攀石区域，定好起始手点和目标手点。在开始后，第一位攀岩者规定一个手点、脚点，第二位攀岩者在攀登过之后再增加手脚点。谁第一个利用已经被规定过的支点翻上便获胜。

V1：可以给攀岩者规定1~3个休息点（可

做标记）。

V2：只有攀登过了的人才可以规定休息点。

V3：所有攀岩者都必须记住路线的手点和脚点（不能做标记）。

G：垂直且可以翻上的岩壁。

（41）列车游戏（FKS）

从起始位置开始通过该训练制定新路线。两人一组练习，轮流给对方设计攀登动作。新的路线被认可的前提是，每名攀岩者都必须完整地攀完整条路线。

V1：即使踩新的脚点也被视为“原来的路线”。

V2：攀登技术也必须相同。

V3：每次增加2~3个动作。

V4：跟3个同伴玩同一个游戏。

G：路线尽可能长的攀石区域。根据个人能力选择岩壁的陡峭程度。

（42）对比手臂练习（F）

在稳定阶段不要弯曲手臂（有些攀岩者在到达目标点后就立即弯曲手臂）。对比任务：有意识地弯曲手臂和有意识地伸长手臂作对比。

V1：如有需要可以用直臂完成此阶段的所有攀岩任务。对比任务：直臂稳定和低姿势稳定对比。

V2：攀石时请尝试，即使在抓点阶段也请伸直手臂或者保持直臂状态。对比任务：抓点时伸直手臂和抓点时弯曲手臂做对比。

G：不同的仰角岩壁。积极抓点。

（43）横向抓点练习（F）

双脚在身体下方踩点。右手朝右边延伸抓点，左手朝左边延伸抓点。

V1：手点不要超过眼睛的高度。

V2：在岩壁上设置两条垂线（距离约70cm）。双脚总是保持在两条线的中间，双手总是伸到两条线的外面抓点。

G：垂直岩壁。大脚点。

（44）最后一分钟（KW）

定义一条较长的攀石路线或者攀岩路段。

（45）指示攀（FS）

同伴给攀岩者指示下一个必须用到的岩点（借助于木棒或者激光等工具）。

V1：同伴指出下一个手点和脚点。

V2：当攀登费力时，攀岩者应给出反馈。

V3：攀岩者尝试完成比较吃力的攀登路线。

G：根据个人能力选择岩壁。

（46）参阅借鉴（K）

在稳定阶段不要弯曲手臂（有的登山者在到达终点稳定后立即弯曲手臂）。对比任务：自觉弯腰和自觉拉长手臂作对比。

G：较难的攀登路线。

（47）追跑打闹（FFS）

定好攀石路线的起点和终点。每隔5~10秒钟就开始新一轮的攀登。如果你跟前面的人相遇了，就把他“打”下去。被“打”下去的人离开岩壁后重新从起点开始攀登。

V1：到达终点的人重新开始攀登时，要跟前面的人保持两倍的时间距离。

G：垂直岩壁，较长的路线，容易热身的场地。

（48）心理时间（KW）

选一条你想进行看攀或者复攀的路线。分析所选路线的攀登过程。

G：攀岩路线或者攀石区。

（49）节拍器（FK）

节拍器预先设定节拍。节拍器每敲打一下，肢体动作发生改变（做一个攀登动作）。

V1：较慢或较快的节拍频率。

V2：训练一种有节奏的、流畅的移动方式。

G：根据攀岩者的能力。

（50）极简主义（EF SW）

人们定义了起始动作和终止动作。攀登时使用的动作次数最少的人为胜利者。

V1：任务相同，但是规定多圈攀登。

V2：换手记作一次动作。

V3：预先设定好动作的次数，每一圈都要减少。

V4：训练变形，第一圈的动作次数是个人的极限。随后每个人都要尝试尽可能地突破这个限制。

（51）横向摆动甩脚（E）

通过该方法实现重心向一侧的移动，在攀登的时候摆动往往意味着非稳定的姿态，所以要尽量减少尝试踩住横向脚点前的摆荡甩脚次数。当脚点位于身体前侧时更利于攀岩者观察。

V1：预先反方向摆动可以帮助攀岩者更容易地向一侧转移重心。

G：垂直岩壁或小仰角岩壁。

（52）侧拉技术（EF）

通过该技术可以很好地训练攀岩者在相应岩壁结构处的移动感觉。小幅度的重心转移对比大幅度的重心转移。

V1：手脚距离近和远的对比。观察任务是观察近距离的动作和远距离的动作之间的相互关系。

V2：对比任务，将踩在脚点上和只靠摩擦力踩住作比较。

V3：对比任务，将越点抓握和按顺序抓握作比较。

V4：对比速度。

V5：安全绳和攀石垫。尽可能地减少身体张力直到攀岩者滑落下来。

G：需要侧拉技术的岩壁区域或仅适合此技术的区域，如横向裂缝。

（53）独眼海盗（EF S）

利用一只眼攀登。

V1：戴着海盗帽并且只睁一只眼攀岩。

V2：仅使用一只眼睛且眯成一条缝攀登。

G：根据攀岩者的能力。

（54）用脚攀登（EF）

对比：大步伐和小步伐。

V1：对比任务，将靠腿分开的距离升高。

V2：对比任务，将脚跟抬高和降低作比较。

V3：对比任务，将用脚尖踩和用脚跟踩作比较。

V4：对比任务，将在正角度摩擦型岩壁上的低速移动和高速移动作比较。

G：合适的正角度摩擦型岩壁（约50°）和仰角，带有摩擦凹陷的岩壁（60°~70°）。

（55）运用摩擦力（FK）

利用摩擦脚点用一只胳膊攀登，然后只用双手手掌心攀登，接着用一只手的手掌心攀登。

V1：手里拿着两个小棒在摩擦脚点路线上攀登（用手中的小棒而不是手掌心接触岩壁）。

V2：攀岩时暂不向上移动，先将要移动的脚在裤子上蹭一下鞋底。

V3：在摩擦面上放开双手保持平衡。

V4：在摩擦面上单腿爬行（往高跳）。

V5：在摩擦面上爬行时注意力集中。

G：尽量选择相同材质的摩擦面。顶绳保护。

（56）身体协调反转（ES）

需要确认顶部保护适合多种角度的摆荡。

V1：在绳索上悬挂时自由地向后翻转并稳定在头下脚上的位置。然后自己转回常规的悬挂位置（首先练习不要摇晃身体）。

V2：在更高的高度翻转。

V3：在垂直岩壁的绳索上朝岩壁外跳跃，并用脚稳定缓冲（逐步加大幅度，必要时佩戴头盔）。

V4：在仰角顶绳路线上带绳索攀登，松开绳索并向外摆动（注意，必须有自由的空间！）。

G：顶绳路线上的绳索。确保在攀登过程中没有阻碍其他攀岩者。

（57）无声（EF SW）

尽可能轻盈地攀登。

V1：谁攀登时最安静？

V2：当同伴听到声响时，更换他开始无声攀岩。

V3：固定在脚踝上的铃铛不能发出声响。

V4：在一只或双脚上附着小物品攀岩，不能掉落。

V5：制造尽量多响声地爬行。

G：悬挂尽可能轻的附属物品。

（58）保持肩膀低沉（FK）

要想保持肩膀低沉，就要了解肩部学到拉力的感觉。首先是简单动作（旨在开始连续的运动状态），然后增加运动负荷和难度。

V1：为肩膀的一体化运动做一些简单的单独练习，即在双杠上用手臂支撑身体，双曲臂撑起躯干。

V2：为肩膀的一体化运动做一些复杂的单独练习，即在单杠上用手臂支撑身体，双曲臂撑起躯干。

V3：肩膀低沉时集中注意力。

G：根据自身能力攀石或者沿路线训练。

（59）肩部运动（F）

固定双脚，保持相应的身体张力（保持肩膀深沉）。

V1：仅固定与支撑手相对的脚，同一侧的脚利用摩擦力保持稳定。

V2：练习通过肩部运动横向移动至下一个手点。

V3：对比任务，即将同侧的脚靠近或远离你的支撑手所在的纵轴和相反方向的脚。

G：垂直岩壁到还能够按一定顺序做肩部移动的仰角岩壁。

（60）射出（KW）

建立两个人数相同的攀岩组。每人为对方组员分配一条攀石路线，过程：首先讲解这条路线，成功地讲解得一分，接下来尝试复攀此路线，成功复攀得两分。每名攀岩者应该准确演示和尝试复攀两条路线。

V1：固定对手组的顺序，以此创建绩效平衡。

V2：降低能力较弱的攀岩者的攀登难度或者让能力较强的攀岩者进行难度较高的让步赛（Handicap），如可以使用“踩所有脚点”“只踩Spax点（脚点名）”或者“只能借助手点”的要求。

V3：如果首次完攀失败，可以进行第二次尝试（成功的一个点）。

V4：在攀石攀登演示时要有讲解时间。

G：广阔的攀石区。

（61）斜面点测试（FK）

抓斜面点时需要将双脚抬得很高，直到双手滑落。观察任务：观察其他攀岩者在垂直岩壁和仰角岩壁上是怎么操作的？

V1：在斜面上抓点和双脚在摩擦时抬高。

V2：禁止在斜面点上摆荡。

G：垂直岩壁和仰角岩壁。

（62）弹性度（FK）

测试一下，静态动作是否可以应对攀岩者在巨石上出现的“开门动作”。如果可以，就强化“开门动作”。任务：找出加速度的最佳标准（路径、强度）。

V1：任务——找出加速度的最佳方向（是垂直方向还是朝向岩壁的方向）。

V2：任务——找出加速度的最佳时间点和加强身体紧张感。

V3：波浪式运动。

V4：动态背腿运动。

G：垂直岩壁或者轻微仰角岩壁。侧抓且只允许侧抓。应对“开门动作”的方法就是弹性动态移动，因此第二只脚是通过摩擦踩点的，或者根本就没有踩点（这只脚悬在空中）。

（63）身体绷成一张弓（ES）

双手贴在岩壁上，双脚站立在地面上。沿着岩壁的正面移动，同时双脚远离岩壁。

V1：你把双手撑地，然后同伴抓住你的双脚移动（类似独轮车）。

V2：在细沟或者较宽的缝隙里，双脚在右边，双手在左边移动身体。

G：岩壁、细沟、较宽的缝隙。

（64）速度练习（FKW）

确定一块巨石，在心里进行练习。真正攀登时做好计时，重复地攀石并且要越爬越快。

V1：不要制定目标岩点而是要制定某个转折点。

V2：看谁爬得最快？

G：根据个人能力选择攀岩场地。软攀石垫。

（65）活动范围（EF）

在仰角岩壁上下抓并且尽可能地去触摸所有岩点。

V1：在顶绳攀登时，尝试移动多个位置，然后在这些固定的位置上尽可能地触碰所有岩点。

G：不同倾斜程度的仰角岩壁。

（66）双脚侧撑和双手支撑（EF）

往高处攀登时会用到“一个岩点，一个支撑点”技术。

V1：两个支撑点。

V2：在缝隙或细沟处双脚侧撑。通过摩擦力可以在光滑的、没有脚点的岩壁上踩住。

V3：对比任务，将较近的侧撑位置与较远的侧撑位置作比较。

V4：双臂支撑在要移动的脚那一侧。

V5：单臂支撑，另一只胳膊在空中维持身体平衡。

G：如沟、较宽的缝隙以及凹形岩壁。侧面移动的脚点。

（67）预测稳定性（EF）

确定好两个脚点和手点（由教练或者搭档确定，也可以自己确定），预测哪只手或者哪只脚（一次一只手或一只脚）可以放开，哪只不能放开，然后验证你的预测。

V1：预测两个停靠点是否可以放开，然后验证你的预测。

G：尽可能地尝试不同类型的攀岩场地。

（68）静态移动脚法（E）

任务：继续用力踩点（静态）。一只手可以选择其他的手点（支撑或侧抓）。

V1：任务如上，但是双手保持不动，第二只脚选择另外一个脚点（在比赛中踩点，换脚）。

V2：任务如上，但是不能移动双手和第二只脚（反肘支撑，动态踩点）。

G：70°～80°的正角光滑岩壁。确定一个双脚侧撑位置，其中一只脚主要用来承担负荷，双手紧紧抓握岩点。

（69）站立抓点或不抓点（E）

双手仅用来保持身体平衡，用内脚掌不断地踩点，完成规定路线。

V1：在内脚掌和外脚背之间不断变化地踩点。身体前部朝右（或朝左）看。

V2：交叉踩点，继续用内脚掌踩点。

V3：自由确定踩点部位（脚掌、脚尖、脚背）。精准踩点。

G：薄片形岩壁和有小边缘的岩壁。

（70）情绪呼吸法（EFK）

前提条件是你可以感受到，你想与周围环境交换哪些感觉。"吸入"积极的感觉，"呼出"消极的感觉。

V1：坐在一个安静的地方，闭上眼睛，专心呼吸。

V2：涉及了力量、感觉等。

G：安静的场所。

（71）团队攀石（FK SW）

两个同伴，每个人都确定好一块巨石，然后让同伴去完成（不能看，不能做标记）。需要提前告知对方脚点的位置，在攀登时再告知对方手点的位置。

V1：如果第一次攀登失败，那么就换另一个人攀登，继续进一步的攀登（还是以口令开始）。在第三次时必须成功。

V2：多组人员。每组累积评分。第一次攀得3分，第二次攀得2分，第三次攀得1分。

G：根据攀岩者的攀登能力选择场地。

（72）限速（FK）

攀登开始之前的运动计划，尤其是规划每个阶段的速度。落实路线攀登和速度规划。

V1：在没有提前规划的前提下开始攀岩，依据休息点制订动作次序。

V2：在没有提前规划的前提下开始攀岩，在攀登过程中制订动作次序。

V3：没有提前休息，攀登在路线攀登中遇到困难的路线。

G：路线攀登或者拥有较难路线和休息点较长的攀石区。

（73）动物园（ES）

攀岩者通过攀登运动模仿动物（比如猴子、蛇、壁虎、猫）。自己选择要模仿的动物。

V1：首先确定每个人要模仿的动物。

V2：一个人模仿他所选择的动物，其他人猜这只动物，可以选择是否需要模仿动物的声音。

V3：初步计划是感受动物的各种运动形式，比如“想象自己是一条蛇……”。

G：较容易攀登的攀岩场地。

（74）跑步机（E）

对比任务：在脚点上来回晃动与静静站立作比较。

V1：对比任务，将高踩和低踩作比较。

V2：对比任务，将正面踩点与脚掌踩点、脚背踩点作比较。

G：从平面到垂直岩壁，配有合适的岩点。身体放松或只是用手轻轻地抓着岩点。

（75）寻找脚点（FK）

选择两个合适的手点，双手固定在这两个手点上，双脚来回探索。

V1：踩远处的脚点。

V2：自由悬挂，静态踩点。

V3：自由悬挂。有一个脚点时动态踩点。有两个脚点时同时动态踩点。

V4：身体摆荡，在摇摆回来时踩点。

G：屋檐型岩壁或者陡峭的仰角岩壁。

（76）踩点王（EFKW）

双腿或单腿踩点，双手仅用来维持身体平衡。

V1：限定鞋子的摩擦力（如有必要可以区别不同鞋子的摩擦力）。

V2：每个人标记一个脚点，在这个脚点上只能用单腿保持平衡。接着所有参与者尝试去踩所有标记的脚点，直到产生“踩点王”。

V3：两个同伴在一个确定的脚点上来回交替踩点。双手只用来维持平衡（用手指维持平衡）。使用过的脚点就删除掉（特指同伴标记过的）。谁站到最后谁就赢了。

G：顶绳攀登或者平滑的、有小岩点的攀石岩壁。注意：即使在相对较低的岩壁上，也可能出现意外滑落。

（77）踩点之路（KS）

确定好6个攀石动作。首先去踩所有可能的脚点。

V1：然后踩与脚点相似的手点和Spax脚点。

V2：与脚点相似的手点和确定数量的Spax脚点（使用过的可以再次被使用）。

V3：Spax脚点和挂脚时使用的岩点。

V4：确定数量的Spax脚点和挂脚时使用的岩点。

V5：只有挂脚时使用的岩点(没有Spax脚点)。

G：陡峭的仰角岩壁，可以挂脚的岩点，或者是屋檐型岩壁边缘。

（78）关门（FK）

巨石的交叉区域。手点不要高于肩膀的高度，并尽可能地都在侧面位置。踩点时尽可能在身体的正中位置。

V1：线形攀登。在墙上垂直标记一条约60cm宽的线。在线外抓点，在线内踩点。

V2：对比任务，将有意义的换脚方式和无意义的换脚方式作比较，然后淘汰无意义的换脚方式。

V3：事先决定哪种技术对于解决“开门动作”来说比较省力，然后去练习这项技术。

V4：和十字形交叉攀岩移动一样

G：从垂直岩壁到有轻微坡度的仰角岩壁。规定“开门动作”不能单脚完成。初学者只有在正确理解了“开门动作”的前提下才能自己练习。

（79）可视化（FK）

首先选择一条路线并分析攀登过程，然后想象你该如何攀登这条路线。攀登完成后再想一想，为什么会成功或者为什么没有成功。

V1：可视化一条短且容易的路线，直到你可以盲攀。

G：路线攀岩区域、攀石区域。

（80）预言者（F）

在路线上预测不需要手的休息点，然后去攀登验证。

V1：确定脚点（由教练或者同伴确定）。每个参与者预言自己的最大活动范围（用胶带做好标记），然后去攀登验证。

V2：确定两个脚点和手点，每个参与者预言自己在岩壁上静态踩点的距离，然后去验证。

G：从平坦的岩壁至轻微倾斜的仰角岩壁，或者不需要用手来保持稳定就可以休息的场地。

（81）轻抓（FFK）

抓住手点，然后减少握力，直到你可以确保不会从岩壁上滑落。

V1：先用你最大的力气在岩点上抓握3秒钟，然后故意松一点手。如有必要，你可以数到五，每数一个数，手就放松一点。

V2：在此地面上一点点来练习。用相同的身体姿势，然后一点点减小握力，直到自的从岩壁上滑落（准备好软攀石垫）。

V3：保持在低握力的位置上，检查身体绷紧程度，并尽可能减弱绷紧度。

V4：即使在很费力的位置或者在攀登过程中也要留意身体绷紧的程度。

V5：做出完美流畅的动作。但由此产生的攀登量会让人们难以坚持。

V6：交叉岩点上的三人“人链”。中间的攀岩者不要抓岩点而是抓住边攀岩者的手腕。

G：垂直岩壁。V4和V5有可能需要仰角岩壁。顶绳攀登，或者就在地面上练习。

（82）攀登时抓握新的岩点（EF）

双手放在岩点上，直到完成重心定位，然后在攀登过程中抓握新的岩点。攀登练习时，即使离下一个岩点很远，下方的手也要继续用于定位。

V1：对比任务，将下方的手定位和下方的手放开而用一只胳膊重新定位作比较。

V2：对比任务，将一次性无间断抓点与抓握新岩点前在上一个岩点上保持1秒钟作比较。

V3：鉴别那些能使攀岩者过早松开下抓点的攀登区域。

V4：有针对性地设置中间抓点（用同一只手继续抓住定位）。

V5：动态抓点。

G：身体保持垂直直到凸出悬挂。继续该过程。

（83）摔跤（FKS）

两名攀岩者开始攀登并按摔跤的方式进行表演，但这并不是真的攻击！若有人掉落下来，则继续回到岩壁。当两人同时掉落时，“战斗”结束。

V1：做动作时应该保持冷静。

V2：小组竞赛。表演最优的小组获胜（通过其他表演成员计分投票）。

G：场地以攀岩者的能力而定。需要垫子保护。

（84）慢动作（EFS）

以慢动作的方式进行所有活动。

V1：只进行脚部的慢动作。

V2：极度缓慢的动作。

V3：均匀流畅的动作（绝对不要在原地停住）。

V4：在同伴说“停止”时，在当前位置停留2秒钟。

G：场地可以根据攀岩者的能力有变动。

（85）抓点停留（FK）

想象一下，怎样用手抓住起步点？当时会有什么感觉？你会听见什么？看见什么？觉察到什么？带着这些想象的内容，沿着路线开始攀岩。

V1：在开始攀岩前想象你完成攀登后的成就感。

G：有难度的个人路线和攀石。

教练应该随时警示攀岩者正确使用安全设备

这套丛书全面介绍了德国登山和攀岩的技术和经验，对我国登山和攀岩爱好者而言，是一套很好的、可以学习和借鉴的读物。

——两次登顶珠穆朗玛峰的高级教练

罗申

他山之石，可以攻玉！这套丛书对我国攀岩运动的发展有很好的借鉴意义。愿读者在科学、安全、环保的前提下亲近自然、走进雪山、乐享人生！

——中国登山协会副秘书长、国家体育总局登山运动
管理中心攀岩部主任、亚洲攀岩理事会竞赛主任

厉国伟

这套丛书由嘿森林（北京）体育科技股份有限公司集中引进，丛书对攀岩装备、安全、心理、技术等方面进行了详实的介绍，是攀岩教师、教练员、爱好者不可多得的读物，对从事户外运动的人有极大的帮助。

——我国早期推广普及攀岩运动的大学教师、
中国地质大学（北京）体育部副教授

邓军文

德国登山协会（DAV）多年来大力普及推广攀岩运动，积累了丰富的经验，这套丛书作为其重要成果值得我们学习借鉴。

第一届全国攀岩锦标赛冠军、国家级教练、
国家体育总局登山运动管理中心开发部主任

丁祥华